"宁夏高等学校一流学科建设（教育学学科）资助项目"，项目名称：中小学外语教师专业发展

项目编号："NXYLXK2021B10"

中小学外语教学与教师专业发展

张芳玲　著

吉林人民出版社

图书在版编目(CIP)数据

中小学外语教学与教师专业发展 / 张芳玲著 . -- 长春：吉林人民出版社 , 2023.11

ISBN 978-7-206-20404-3

Ⅰ . ①中… Ⅱ . ①张… Ⅲ . ①中小学 – 外语 – 师资培养 – 研究 Ⅳ . ① G633.402

中国国家版本馆 CIP 数据核字（2023）第 225640 号

中小学外语教学与教师专业发展

ZHONGXIAOXUE WAIYU JIAOXUE YU JIAOSHI ZHUANYE FAZHAN

著　　者：张芳玲

责任编辑：李　爽　　　　　　　　封面设计：谢少红

吉林人民出版社出版 发行（长春市人民大街 7548 号）　邮政编码：130022

印　　刷：河北万卷印刷有限公司

开　　本：710mm×1000mm　　　　　1/16

印　　张：13　　　　　　　　　　字　　数：210 千字

标准书号：ISBN 978-7-206-20404-3

版　　次：2023 年 11 月第 1 版　　　印　　次：2023 年 11 月第 1 次印刷

定　　价：78.00 元

前　言

教育，是影响国家发展和社会进步的重要因素。现代社会的发展日新月异，经济全球化与信息化时代的到来使教育的形式、内容和目标都需要进行深刻的变革。其中，外语教学尤为关键，因为它不仅是跨越语言障碍、加强跨文化交流的桥梁，也是提升国家整体竞争力的有效途径。

在全球化、信息化的浪潮下，外语教学更像是一把钥匙，它打开了知识的大门，也打开了理解、交流和合作的通道。对个人而言，掌握一门外语意味着自己将拥有更广阔的知识视野和更丰富的文化体验；对社会而言，外语教学的普及和提高可以促进各族群、各文化之间的相互交流，从而构建更和谐的社会环境；对国家而言，强大的外语能力是实现科技创新、经济发展、文化交流等各领域协同发展的重要保障。

要想提高外语教学质量，必须从教学的本质出发，从传统的知识传递转变到现代的能力培养。教育不仅是知识的灌输，更是能力的培养，是思维方式的塑造，是个性的发展，是智慧的启迪。而这一切，都离不开教师这一重要的教育主体。他们需要掌握和运用教学的方法与技术，引领和激发学生的学习热情和创新精神。

本书汇集了教育学、心理学、语言学、生物学等多学科的知识，以深入浅出的方式阐述了中小学外语教学与教师专业发展的各个方面。全书共分为六章，第一章为外语教学概述，深入剖析了外语教学的概念，讨论了外语教学的影响因素，审视了各种外语教学法流派，并回溯了中国外语教学的历史发展脉络，为后续的分析和探讨奠定了坚实的理论基础。第二章则聚焦于中小学外语课程的理论基础，揭示了语言学、教育学、心理学等学科在外语教学中的应用和作用。第三章将探讨任务型教学、探究式教学、体验式教学、情景式教学等多种教学模式，揭示现代教育理念在中小学外语教学中的具体实现途径。第四章和第五章，围绕教师这一关键角色，讲述中小学外语教师应具备的素质与能力，以及教师专业发展的内容和阶段，为教师的专业发展提供理论参照和实践指导。第六章对外语教师的专业发展方向进行了深入探讨，分析了外语教师的继续教育与专业发展、外语教师继续教育模式、信息技术下外语教师的角色智能提升、外语教师课堂话语能力提升等问题，旨在为教师提供一个更加广阔的专业发展视野。

  本书内容翔实、逻辑清晰、结构严谨，在撰写过程中参考了大量资料和研究成果。由于笔者水平有限，书中难免存在一些疏漏和不足之处，敬请读者批评指正，以便在今后的工作中不断改进和完善。

目　录

第一章　外语教学概述

第一节　外语教学的概念

一、狭义层面的外语教学

外语教学不仅是外语教育的关键环节，也是文化交流的重要渠道。从狭义层面分析，它指的是一个社区内进行的非本族语教学，通常是在学习者已经掌握母语之后，通过课堂教学来进行。①

中国外语教学的历史可以追溯到明代，彼时的外语教学主要以现代语言为教学对象。如何选择教学语种，往往取决于当时的社会需求和教育制度。因此，历史上的外语教学实质上是一种对外部环境变化的应对和调整。清朝末期，中国的中学课程以日语或英语为主要的外语科目。辛亥革命后，中国的课程设置模仿了英国和美国，主要教授英语。中华人民共和国成立之后，初期主要以俄语为主，之后又经历了一次重大转变，逐渐转变为以英语为主。

二、广义层面的外语教学

广义上讲，外语教学或外语教育，是教育领域内的一门科学。广义的教育被理解为对一个人从生到死的所有影响的总和。在学校教育中，它则被构想为按照特定的目的要求，对学生在德、智、体、美、劳等方

---

① 李孝娴. 语言学概论[M]. 武汉：武汉大学出版社，2021：166.

面发展进行定向影响的有计划的活动。这些活动主要是通过教学来实现的。因此，任何教育措施都包含了教学和训练活动，而学校的所有教学活动也都蕴含了教育内容。教育不仅起着社会同化的作用，同时也是改造社会的工具，这使学校教育和社会活动之间形成了紧密的联系。自从18世纪亚当·斯密（Adam Smith）指出教育的"费用，可以得到偿还，赚取利润"① 以后，人们逐渐认识到教育可以创造经济价值。因此，尽管有些时候"教育"一词仅仅指的是学校里的德育，但教育学则研究了如何通过各种学科以外的活动来对青少年进行全面发展教育的共同规律。在这种背景下，普通的教育学已经不能满足各个学科教育的特殊需求。因此，学科教育学便在分科教学法的基础上发展了起来。作为学科教育学的一部分，外语教育学就是研究如何教授一种外语，以便对青少年进行全面发展教育的客观规律的科学。

探究外语教育的规律，就必须以外语教育的全过程为研究对象。这个过程纵向涵盖了从外语教育史、外语教育政策，到现行的外语教育体制，以及从教学大纲、教材，到课外活动，还包括新语言材料的提出，学生的理解、记忆和使用等各个环节。从横向看，涉及教师和学生的作用及其变化，教学方法和手段的原理以及其运用技术，学校、家庭和社会三者之间的相互关系与影响。因此，外语教育学的研究范围并不能仅仅局限于"课程、教材、教法、学法"，更要能适用于各种语种的教学。这是因为，外语教育学在特定的学科领域内既具有普通教育学的具体性，又包含了分语种教学法的概括性。这使外语教育学与普通的外语教学法相当，成为一种兼具理论性和应用性的社会科学。

外语教学的内容涵盖以下四个层次（见图 1-1）。

---

① 姜文闵，韩宗礼. 简明教育辞典 [M]. 西安：陕西人民教育出版社，1988：193.

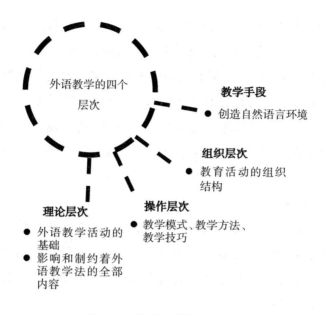

外语教学的四个层次

教学手段
● 创造自然语言环境

组织层次
● 教育活动的组织结构

理论层次
● 外语教学活动的基础
● 影响和制约着外语教学法的全部内容

操作层次
● 教学模式、教学方法、教学技巧

图 1-1　外语教学的四个层次

（一）理论层次

外语教学的第一个层次就是理论层次，这是所有外语教学活动的基础。它的主轴是外语教学原理或外语教育思想，也就是关于如何进行外语教学的哲学见解。这一层次的内容包括由教育哲学、语言哲学、心理学等相关理论所派生的外语教学理论，以及关于如何进行外语教育的战略。它是将教育原理、学习理论、语言本质和社会需求相结合的最佳途径的相关设想，因而是公理性的。理论层次如同江河的源头，它影响和制约着外语教学法的全部内容，特别是外语教学原则。人们在形成一种教育思想或教学观点的同时，必然会设想出一种途径去实现它。例如，直接学习的观点就需要通过不经翻译而直接理解、运用目的语的路径去实现。从某种角度来说，将教学目的、教学内容、教学形式、教学方法、教学手段有机地组合在一起，使它们之间相互制约，从而形成达到某一学程外语教育之目的的立体系统，就是外语教学法体系。关于外语教学法体系，国外文献中常用"system"一词来表示。这个体系是外语教学法的具体框架，在外语教学法文献中有时也称为"method"或"methodology"，它从结构的角度表述了广义的教学法。

换句话说，理论层次在外语教学中至关重要。它为外语教学提供了理论指导，决定了外语教学的方向和目标。同时，理论层次也是教学活动中最根本的部分，是其他所有层次的基础。无论是设计教学活动，还是评价教学效果，都需要从理论层次出发，依据教学原理和教育思想来进行。

（二）操作层次

外语教学中的操作层次包含了教学模式、教学方法和教学技巧，它们是外语教学活动中不可或缺的环节。这个层次的目标是将理论知识应用于实际教学活动中，并通过有效的教学模式、教学方法和技巧，来帮助学生更好地掌握外语。

教学模式是实现特定教学观点或主要教育教学活动的结构，它是教学理论的具体化及具体方法的概括化。教学模式将一些具体的教学方法进行相对固定的组合，以达到预定的教学效果。不同的外语教学法流派由于教学观点的不同，会有各自独特的教学模式，同样的教学观点因为实施路径的不同，也可能会有多种不同的模式。教学模式的差异主要体现在以下三个方面：一是提供和分配教材的顺序不同，这会直接影响教学的进度和效果。二是教学活动的系列和阶段不同，教学活动的安排和组织方式会对教学效果有重要影响。三是运用具体方法的方式和形式不同，这体现了教师的个性化教学和应对学生差异的敏感度。因此，教学模式主要描述实践问题，在解决某一具体外语教育问题时，会起到规范教学活动的作用，但其并不是一成不变的规矩。

外语教学中的操作层次涉及具体的教学方法。这种具体教学方法并非封闭的、僵化的，而是一个开放的、动态的，可以进行调整甚至创新的方法。对不同的教学法体系和教学模式，具体教学方法都能找到合适的应用模式，具有极高的灵活性。然而，这种灵活性并非无底线的，任意一种具体教学方法的应用，都必须和社会结构、社会思想紧密联系，需要在实践中遵从教学理念的要求。在考虑采用新的或改良的教学方法时，也不能忽视其理论基础，尤其是防止其与教学法体系的主要原则相冲突。例如，在外语教育的过程中，讲演法并不是常用的教学方式，这在一定程度上反映了社会的教育思想和教学法体系的变化。具体的教学方法并非单一、孤立地存在，它们往往包含多种教学方式，可以是固定的，也可以是非固定的。教学方式可以理解为教育活动中最小的单元，每种教学方式都专注于解决教育活动中的某一特定任务。例如，问答法就包含了提问和回答两种方式。

在实际教学中，教师往往会通过多种教学方式的组合，以形成具体的教学方法。这些方式可以形成固定的配对或系列，也可以根据需要进行灵活的调整。例如，听说教学法就是一种由听音和会意两种方式构成的认知方法。由此可见，教学方法的丰富性在于它可以包含多种方式的变体，这种变体的存在增加了教学的灵活性，使教学可以更好地适应不同的学习者和学习环境。这不仅为教师提供了更多的教学工具，也为学生提供了更丰富的学习体验。同时，这种变体的存在也为教学方法的创新和发展提供了空间，有助于推动教学方法的不断优化和进步。

（三）组织层次

在外语教学中，组织层次指的是教育活动形式，也就是教育活动的组织结构。在实施外语教学的过程中，课堂教学是最主要的形式，但这并不意味着可以忽视其他形式的教学。课外活动与自学都是扩展和巩固课堂学习的重要途径，能够帮助学生更好地吸收和掌握语言知识。通过各种课外活动，如小组讨论、实地考察、模拟对话等，学生可以在实际语境中运用所学的语言知识，提高语言技能。而通过自学，学生可以根据自身的进度和需求，灵活地安排学习内容和时间，对所学内容进行深化和拓展。除此之外，外语教学的活动形式还包括广播教学、电视教学等活动形式。

（四）教学手段

教学手段是教育过程中的重要工具。为了更有效地实现教育目标，教师需要运用各种各样的教学手段。这些手段包括但不限于教科书、辅助教材、电教设备和直观教具。虽然教师本身也可以被视为教学手段之一，但此处主要关注除教师之外的教学工具。在学习外语的过程中，教学手段的运用具有极大的价值。其主要目标在于创造出一种虚拟的环境，使学生仿佛置身于语言的原生环境中。这种虚拟的"自然语言环境"能够吸引学生，帮助他们更好地理解和掌握外语。

心理障碍是许多学生在学习外语时遇到的常见问题。他们可能会感到害怕、紧张或不安。然而，通过巧妙地运用教学手段，教师可以帮助学生克服这些心理障碍，使他们能够更自由、更自然地参与到语言学习中。通过这种方式，学生不仅可以提高自身的语言技能，还可以获得更加深厚的文化理解和更宽广的视野。因此，教学手段是教育的关键部分。它们提供了一种方式，可以将学习变得更加有趣、更加实用，而不仅仅是抽象的知识传递。

外语教学是一个复杂且多维度的概念，它涵盖了从教育理论到心理学，再到语言学的广泛领域。其中，语言学理论的应用为外语教学提供了依托。语言学提供了对外语结构和功能的理解，有助于教学方法的形成和对教材的开发。因此，无论是在词汇学习还是语法训练中，语言学理论都发挥了重要作用。然而，外语教学并非只是依赖语言学。一方面，它在学校环境中进行，这就意味着教师需要依据教育学的理论来处理诸多问题。例如，当教学法体系与特定教学环境产生不适应时，教师需要以教育学原则为指导，来调整教学方式或改善教学环境。教育学为教师提供了如何组织课堂，如何促进学生的主动性，以及如何评估学习效果等方面的指导。另一方面，教育心理学在外语教学中也发挥了重要作用。例如，关于学习理论的争执，是重视输入还是输出，是强调熟练度还是知识理解，甚至关于教学目标应该是语言精通还是交际能力提升等问题，都需要参照教育心理学的理论去解决。教育心理学关注学生的认知，情感和行为方面的变化，可以帮助教师更好地理解学生的需要和困难。

第二节 外语教学的影响因素

在外语教学的实施过程中，可能会受到多方面因素的影响（见图1-2）。掌握这些影响因素将有助于教师更好地设计和实施有效的教学策略。

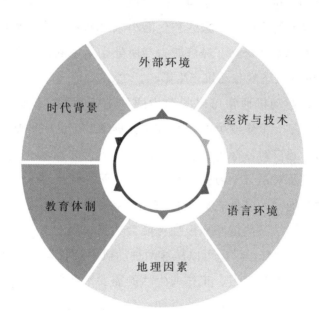

图1-2 外语教学的影响因素

一、外部环境

在任何学科的教育研究和实践中，外部环境都是一个重要的考虑因素，而外语教学尤其如此。外语教学的核心目标应该是满足社会进步的需求，这就要求外语教学的目标、内容和方法需要不断地进行调整以适应时代的发展，同时，需求分析也成了必要的工作。教育结构、语言环境、经济和科技的发展等都会对外语教学的过程和效果产生直接影响，因此在设计教学计划、确定教学目的和内容、选择教学手段时，全面了解和考虑这些环境因素是至关重要的。外语教学的外部环境是由多个部分组成的，其中包括学校、家庭、地区、国内和国际形势等。在这些组成部分中，学校是外语教学的主战场，学校的语言环境、教学管理、教材使用、教学方法及师资队伍建设等方面都会对外语教学的过程和成果产生直接的影响。这也就解释了为何许多家长和学生在选择学校时，愿意投入大量的时间、财力和精力。因为他们明白选择一个优秀的学校对于提高学习效果的重要性。家庭和生活小区对外语学习的影响也同样不可忽视。学生的家庭背景、经济能力与所处生活区的文化氛围等，都可能会对学生的学习态度和动机产生影响。

学习外语的动机通常可以归纳为两种主要类型。一种是工具型动机，它是由学习、工作或生活等客观需求推动的。另一种则是综合型动机，这种动机源自对目标语言，或者使用该语言的国家、民族及其文化的好奇心，以及对语言学习的浓厚兴趣。这两种动机对于外语学习的促进效果并没有绝对的高低之分，然而，如果一个学生同时具有这两种动机，他们的外语学习热情和积极性可能会达到很高的水平。为何会这样呢？一个可能的解释是学生可以从这两种动机中获取双重的动力和支持。他们既可以通过满足学习、工作或生活的需要来获得工具型动机，同时也可以通过对目标语言文化的好奇和兴趣来获取综合型动机。在国际社会中，那些被广泛使用、实用性较强的语言往往吸引了大量的人去学习。这种情况的出现不仅涉及工具型动机，综合型动机的影响也同样不可忽视。以英语为例，在中国，英语得到了学生、教师、家长及社会的高度关注和重视。这种现象背后的原因有很多，既包括各种英语测试的推动，也包括英语作为一种全球通用语言，其所具有的实用性。

二、时代背景

外语教学的研究与实践会持续融入一种变动不居、纷繁复杂的社会政治、经济和文化环境之中，多种主客观因素共同影响着外语教学领域的进展。这样的现象，将凸显出外语教学的复杂性与广泛性。

纵观历史长河中的外语教学，这种受到多方面影响的情况尤其明显。任何特定时期的外语教学目标、内容和方法，都将受制于两个主要发展维度。一是与外语教学紧密相关的学科理论的发展维度，如语言学、心理学、教育学等；二是当时社会发展的需要与政治、经济和文化环境的发展维度。来自语言学、心理学、教育学等学科的理论发展，为外语教学提供了理论支撑。这些理论揭示了语言和外语教学的本质及语言学习的过程，构成了外语教学的理论基础。每个新的理论突破或学术发现，都能为教师和研究者提供新的视角和思考，进而推动外语教学的革新和进步。与此同时，当时的社会发展需求和政治、经济及文化环境也在很大程度上塑造了外语教学的目标和意义。这构成了外语教学的外部环境，将外语教学与更广泛的社会现象紧密关联。

三、教育体制

教育体制和规划对外语教学的影响是不容忽视的。一个国家或地区的整体教育体制和规划，常常对外语教学的地位、学生开始学习外语的时间、课时的分配和测试的内容有明确的规定。因此，在探讨外语教学时，必须仔细分析相关国家和地区的教育体制和规划。

教育体制决定了外语教学的地位。在一些国家和地区，外语学习被视为教育的重要组成部分，受到大力地推广和鼓励。而在一些地方，外语学习可能并未得到足够的重视，因此可能不被列入必修科目，或者课时较少。这一点不仅会影响外语教学的广度（多少学生接受外语教育），还会影响外语教学的深度（投入多少资源进行外语教育）。学生开始学习外语的时间，是教育体制对外语教学产生影响的另一个重要方面。因此，教育体制中规定的学生开始学习外语的时间，将在很大程度上影响学生的外语学习效果。

四、地理因素

地理因素对外语教学的影响是深远而独特的。相邻的语言群体，为了方便边境贸易和交流，往往会选择学习对方的语言。以中国东北地区为例，学习俄语或朝鲜语的人数明显多于南方地区。这样的地理条件，使当地的外语教学得以从语言环境中获取支持，为学生提供大量接触目的语的机会，使语言学习与语言使用有机结合，这也是社会文化环境在起作用的体现。语言的学习并非只是理论知识的掌握，而是涉及语言的使用、语境的理解、文化的交融等多个维度。当地理位置使某一外语的使用频率增加时，学生能直接投入实践，有效提升语言技能。同时，相对丰富的语言环境还能引导学生主动学习，增强其语言学习的积极性和主动性。

地理条件对于外语教学资源的分布也有重要影响。在某些语言使用频繁的地区，相关的语言教材、教学资源、教师培养等可能得到更多的投入和关注。例如，中国东北地区由于地理位置的特殊性，可能会有更多专门针对俄语或朝鲜语的教育机构和课程设置。这将为当地的外语教学提供更丰富、更具针对性的支持。

五、语言环境

一个国家和地区的语言环境对外语教学具有深远的影响。大体上，语言环境可以分为两类：相对单一的语言环境和相对复杂的语言环境。这两种语言环境会对外语教学产生两种截然不同的效果，并将深深地影响着外语教育的过程和结果。

在相对单一的语言环境中，主导语言会对人们的日常生活产生深远影响。这种环境中的外语教学常常面临一些挑战。由于缺乏真实的语境来练习和使用外语，学习者可能会发现语言的应用场景有限。此外，相对单一的语言环境可能导致学生对外语学习的需求和动机降低，因为他们可以完全依赖主导语言进行沟通。但这种语言环境也有其优点，例如，由于语言环境的单一性，学生可以集中精力去学习一种语言，这有助于他们更深入地理解和掌握这种语言。相比之下，相对复杂的语言环境则具有更丰富的语言特色。在这样的环境中，人们日常生活中可能会接触到多种语言，这为学生提供了丰富的资源和实践机会，可以极大地提升他们的语言能力。但这种环境也可能带来一些问题，例如，学生可能会将学习精力分配到不同语言的学习过程中，这可能会影响他们对每种语言的掌握深度。

六、经济与技术

经济和技术的发展会对外语教学产生较大的影响。一方面，外语教学的目的在于促进经济发展和技术进步。在全球化的背景下，通用外语的掌握已经成为获取相关知识和信息的重要通道。通用语言能力的提升，能提高个人乃至整个社会的科技水平，并以此推动经济发展。人们通过学习和掌握一种世界通用的语言，例如，英语或普通话，可以让自己接触到更多的信息，掌握更多的知识，从而更好地参与到国际竞争中。另一方面，外语教学需要大量的经济投入和教育技术的支持。举例来说，教师培训、教材编写、视听设备的购置等各个环节都需要资金的投入。只有当经济条件允许的情况下，外语教学的发展才能够得到充分的保障，教育的质量和效果也才能得到提升。因此，如果一个国家和地区的经济发展水平较高，而且对外语教学又相当重视，那么该地区的外语教学水平通常比经济欠发达，或对外语教学重视程度低的地区要高。进一步说，教育技术的发展也会对外语教学产生影响。新的教育技术，如在线教育平台、虚拟现实技术、人工智能等，能够为外语教学提供新的可能性。

这些技术的应用，不仅可以提高教学效率，还可以创造出更丰富、更具吸引力的学习环境，从而提高学生的学习兴趣和动力。然而，这种技术的应用也需要相应的资金投入。如果一个地区的经济条件较好，就更可能有足够的资金来购买和应用这些新的教育技术。因此，经济和技术的发展在很大程度上决定了一个地区外语教学的水平。但这并不意味着只有经济发达的地区才能进行高质量的外语教学。即使在经济条件较差的地区，也可以通过合理利用有限的资源，例如，通过政府的支持、与其他地区或国家的合作等方式，提高外语教学的水平。

第三节　外语教学法流派

随着心理学的发展与语言流派的不断涌现，诞生了很多新的外语教学方法。根据这些教学方法的特征，可将其分为以下几个流派（见图1-3）。

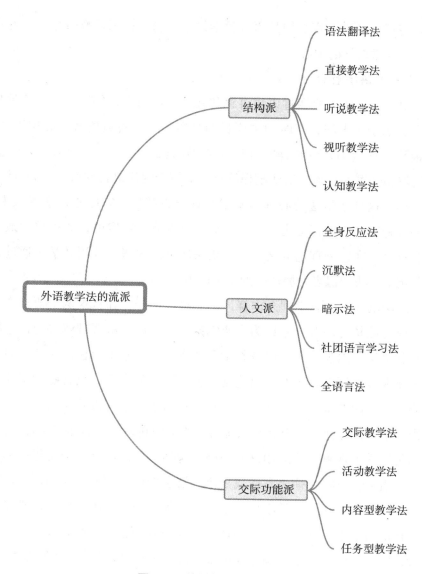

图 1-3　外语教学法的流派

一、结构派

结构派教学法是一种特殊的教学方法，其核心理念在于强调语言结构的重要性，并将教师置于教学过程的核心位置。结构派教学法有两个主要特征：一是语言结构是语言教学的主要内容；二是教师是教学的主体，是课堂教学的中心。

（一）语法翻译法

语法翻译法主要通过语法讲解和翻译练习来进行外语教学。这种教学方法源于中世纪，当时的主要目的是通过学习古典语言，如拉丁文、古希腊文等，阅读经典文献，理解和吸收古代文化。[1]到了18、19世纪，随着罗马帝国的衰落，语法翻译法开始应用于现代语言的教学，如英语、法语等。这种教学法的心理学基础是官能心理学。官能心理学派认为，人的各种官能，如记忆力、理解力等，可以通过特定的训练被单独地培养和提升。在这种理论的指导下，语法翻译法主张在外语教学中通过背诵与记忆语法知识来发展学生的思维能力。

语法翻译法的教学理念围绕词汇和语法展开，并将这两个要素作为外语学习的核心内容。它认为，要掌握一门外语，就要理解并记住它的词汇和语法，因为句子是语言教学和语言练习的基本单位。这就如同构建一座大厦，词汇是砖石，语法则是黏合砖石的水泥，只有熟悉了这两个要素，才能熟练使用这门语言。在此视角下，语言被看作是一组描述规则的集合，每种语言都有其独特的语法结构和词汇。而掌握一种语言，实则是要学生理解并能运用这些规则，包括如何准确迅速地将母语翻译成目标语言，或将目标语言译成母语。语法翻译法倾向于使用母语进行教学，这是因为在这个教学模式下，母语被视为学习第二语言的必要媒介。它帮助学生在理解新语言的过程中与原有语言构建联系，作为一座桥梁，连接起学生的已有知识和新的语言知识。所以，在这种方法中，母语的使用并不是被排斥的，而是被视为一种重要的工具。翻译在语法翻译法中扮演了关键的角色，因为它被视为教授新词和新课文的基本手段。透过翻译，学生可以清晰地理解新词的含义，而这种理解是基于他

---

① 曹倩瑜. 英语教学理论与教学法 [M]. 西安：西安交通大学出版社，2017：108.

们熟悉的母语基础上的。同时，通过翻译句子或段落，学生可以练习并加强他们的语法知识。

1. 语法翻译法的特征

语法翻译法主要有以下几点特征（见图1-4）。

图1-4　语法翻译法的主要特征

（1）完整的语法体系。以"希腊—拉丁语法"为基础，语法翻译法构建了一套全方位、系统化的教学体系。其通过教师对语法规则的演绎性教学，引导学生理解语言形态、词性、句子结构等要素，从而使其在短时间内对目标语言的语法结构有深刻的理解。

（2）母语教学。在语法翻译法中，教师用母语进行教学，用母语解释语法规则。这样，学生可以更轻松地掌握新的语言形式，同时能够通过两种语言的转换，达到跨语言的信息交流。其课堂活动主要集中在系统地讲解语法规则和课文句子的翻译中。

（3）语言对比分析。语法翻译法认为，比较学生的母语和目标语言的词汇、语法、结构等要素是非常必要的。同时，翻译也成为检测学生掌握词汇、语法规则及阅读能力的有效工具。

（4）书面语分析和原文学习。语法翻译法会着重分析书面语，并且重视从原文入手的学习。此方法的教材通常会选取文学材料，倾向于认为书面语言优于口语。在语言的听、说、读、写四项技能中，更强调读写能力，而相对轻视听说能力。

（5）简洁的教学工具和评价方式。语法翻译法的另一个显著特点是不依赖复杂的语言设备和教具，因此在资源有限的环境中也可以有效地实施该方法。此外，其评价学习效果的方式通常比较直接和简单，如通过翻译和语法解析来判断学生的学习成果。

尽管语法翻译法有着悠久的教学实践历史，但在现代外语教学中，该方法也引发了一些争议。这主要是因为语法翻译法过于强调语法和词汇，而忽视了其他重要的语言技能，如口语表达能力等。但无论如何，语法翻译法对处于初级阶段的学生其贡献是无法否认的，语法翻译法为他们提供了一个基础的、系统的框架去理解和学习新的语言。

2. 语法翻译法的局限性

在现代外语教学实践中，尽管语法翻译法在某些方面表现得较为有效，但它的应用仍然存在一些显著的局限性（见图1-5）。

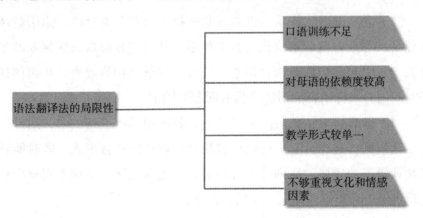

图1-5 语法翻译法的局限性

（1）语法翻译法主要侧重书面语的学习，特别是词汇和语法结构的理解和掌握。然而，它对实际口语交流的训练关注不足，学生虽然能够理解和翻译复杂的语句，但可能在实际的口头表达中遇到困难。

（2）虽然使用母语解释新的语言形式有助于学生对新语言形式的快速理解，但语法翻译法对母语的过度依赖可能会妨碍学生对目标语言听说技能的提高。过分依赖母语可能会影响学生对目标语言的直接反应和理解。

（3）语法翻译法主要依赖教师的讲解，学生更多的是在扮演被动的听讲角色，缺乏足够的教师和学生之间的互动。这种方式可能抑制学生的积极性和创新性。

（4）语法翻译法往往忽视了语言作为文化的载体这一重要特点，对语言背后的社会文化因素关注不足。此外，它还忽略了语言学习中学习者的认知和情感因素，这些都是影响语言习得的重要因素。

尽管语法翻译法存在着以上几个方面的局限，但不可否认的是，它在培养、提升学生外语能力方面发挥着至关重要的作用。

（二）直接教学法

19 世纪中叶的欧洲社会，资本主义的深度发展和频繁的国际交流，形成了一种对外语学习有较大需求的社会背景。这种需求的核心并非为了提升人们的艺术素养，或者为了阅读外语文学经典，而是为了满足各国之间日益增多的跨国贸易、交往及其他涉及国际社会活动的需要。换言之，外语学习的目的更偏向于实际、务实。在这种背景下，直接教学法应运而生。这种教学法以实验心理学为基础，着重培养学习者的口语交际能力。该教学法不强调语法规则的记忆，也不以翻译为主要的学习手段，而是通过模仿、联想、视听等多种途径，让学生在实际的语言环境中接触和使用外语，培养其直接用外语进行思维和交际的能力。这种教学法的理论基础来自德国心理学家威廉·冯特（Wilhelm Wundt）的实验心理学。实验心理学将人的直接经验看作心理学研究的重要对象。强调在语言行为的心理活动中，人是由直觉和感觉而非理智和思维所起主导作用的。这种理论观点为直接教学法提供了心理学基础。直接教学法认为，外语学习应当模仿儿童习得母语的过程，从口语学习开始，而不是从学习书面语和文学作品开始。它主张在具体的生活、工作情境中接触和使用外语，让学生真正掌握和使用语言，而非简单的词汇记忆和语法规则。

1.直接教学法的教学原则

使用直接教学法时应遵循以下几点原则（见图1-6）。

A　直接联系原则

B　句本位原则

C　模仿原则

D　以归纳法教授语法规则的原则

E　以口语为基础的原则

F　以当下通用语言为基本教授内容的原则

图1-6　直接教学法的教学原则

（1）直接联系原则。这个原则的核心思想是以直观体验作为学习基础的，而不是通过第三方（如母语）的转译或解释来学习外语的。每当学生遇到新的词汇时，教师应引导他们直接与其代表的实际对象或概念建立关联，而不是通过母语的解释或翻译来理解该词汇。这种教学方式更符合人类对新知识的认知过程，可以通过帮助学生建立直接而真实的语言感知，减少在翻译过程中可能产生的理解偏差。例如，学习"苹果"这个单词时，教师可以直接展示一个苹果，而不是告诉学生这个词的母语翻译。

（2）句本位原则。该原则将句子作为语言教学的基本单元，而非独立的单词或词组。通过学习完整的句子，学生可以更全面地理解单词在特定语境中的意义和用法，从而使语言的理解和运用更为自然和流畅。这种方法不仅可以让学生学习如何正确地进行语言表达，也可以让他们在实践中体验和掌握语音、语调和节奏等重要的语言元素。

（3）模仿原则。模仿是语言学习中非常关键的一环。直接教学法鼓励学生进行大量的模仿，以便于他们形成良好的语言习惯。这种模仿不仅包括单词和句子的模仿，也包括语音、语调和语速等方面的模仿。大量的模仿和实践可以使学生更加熟练地运用语言，同时也可以提升他们的语感。

（4）以归纳法教授语法规则的原则。在直接教学法中，语法不是通过直接讲解教授给学生的，而是让学生通过学习和使用实际语言材料自行发现和归纳出来的。学生可以在使用语言的过程中自然地理解和掌握语法规则，使语法学习更具有趣味性和实用性。例如，教师可以让学生通过阅读和分析一系列的句子，自行归纳出诸如动词时态的规则。

（5）以口语为基础的原则。直接教学法把口语作为学习的重心，注重语音和口语的训练。教学过程中，学生需要进行大量的口语实践，通过实际的语言使用体验和掌握语言。这一原则有助于学生更好地理解语言的实际用法，也有助于他们更自然地使用语言。

（6）以当下通用语言为基本教授内容的原则。这一原则要求教师教授实际、常用的语言，使学生学到的知识能够直接应用于日常生活。这不仅使语言学习更具有实用价值，也使学习过程更加贴近实际，增强了学生的学习兴趣。例如，教师在教授英语时，会选择一些常用的、日常生活中会遇到的语言表达，而不是过于书面化或罕见的语言表达。

2.直接教学法的特征

直接教学法的特征大体上可归纳为以下几点。

（1）以实际语言使用为导向。直接教学法强调语言的实际使用，特别是口语交际能力的培养。教师在教学过程中不仅关注学生对语法、词汇的掌握程度，更注重学生听说能力的培养。教师通常会创建实际的语境，让学生在实际的对话中去学习和运用语言。

（2）反对翻译。在直接教学法中，学生应直接理解和使用外语，而不是通过翻译理解外语。这种方法能够帮助学生建立直接的语言认知，避免了翻译中可能出现的误解，提高了学习效率。

（3）以口语为中心。口语的训练是直接教学法的重要组成部分。教师会设计大量的口语练习，鼓励学生在课堂上大声说出他们的想法。这种方法不仅锻炼了学生的口语能力，也增强了他们的语言信心。

（4）实际语境的创建。直接教学法善于利用实物、图片、手势等非语言元素创建真实的语境，帮助学生理解和记忆新的词汇和表达。通过模拟真实的交流场景，学生可以在实践中学习和运用语言。

（5）自然的语法学习。在直接教学法中，语法规则不是教师直接讲授给学生，而是将其融入实际的语言材料中，让学生在学习过程中去自然地发现和掌握。这种自然的语法学习方式使语法学习更为生动和有趣。

3.直接教学法的局限性

（1）对于文化素养的培养不足。直接教学法强调外语的实用性，如日常交流、商务沟通等。虽然这些目标对提高学生的口语交际能力具有积极的影响，但其忽视了对学生文化素养方面的培养。

（2）忽视母语的作用。直接教学法强调避免使用母语，以促进学生对目标语言的直接理解。然而，母语作为学生最初和最自然的语言工具，其在语言学习中的作用被忽视，可能会给学生带来困扰。例如，通过比较母语和目标语言的结构和用法，学生可能更容易理解和掌握新的语言知识。

（3）没有妥善处理口语和书面语的关系。直接教学法主要关注口语的训练，这可能导致书面语的学习被忽视。然而，在实际生活中，书面语和口语是有密切联系的，学生需要掌握并熟练使用两者。

（4）没有正确理解母语和外语学习的关系。直接教学法倾向于将外语学习视为对母语学习的复制。虽然两者有一些共同的规律，但母语学习和外语学习的过程、目标和策略也存在显著的差异。

（5）过分依赖教师的外语技能。直接教学法的成功在很大程度上依赖教师的外语技能。这种方法要求教师能流利地使用目标语言，并具备丰富的语言教学经验和技巧。

（三）听说教学法

听说教学法源于20世纪40年代的美国，起初被用于陆军训练中的口语教学，当时的目标是让士兵能在较短的时间内学习并流利地运用目标语言，随着第二次世界大战的结束，此方法开始被广泛地应用于其他外语教学环境中。[①]

1. 听说教学法的原则

（1）优先听说。该原则指的是在向学生教授新的语言表达形式时，优先采用口语的方式进行操练。听说教学法认为，语言能力的提高需要基于口头交流的实践，听说是其重点和基础。书面语言的介入应在学生对新句型有一定的口头熟练度之后进行，这样便保证了口语的实践先行。

（2）反复实践形成习惯。这一原则源于行为主义心理学，它认为语言学习是习惯的形成，这种习惯的形成主要依赖反复的操练。课堂上，教师不仅要用外语授课，而且要大量使用录音、录像和电影等电子教具作为刺激手段，这样做可以强化学生的反应，加深学生对学过内容的理解和记忆。

（3）限制母语使用。听说教学法主张语言运用是一种习惯，只有通过大量的外语句型操练，才能有效地形成这种习惯。因此，这一原则要

---

① 叶蔚萍. 听力教学的理论构建与实践模式[M]. 成都: 西南交通大学出版社, 2007: 7.

求在教学过程中，尽量不用或少用母语和翻译，以免学生过度依赖母语思维，影响他们直接用外语思考和表达的能力。

（4）全面运用现代教学技术和手段。即充分利用现代化教学技术和手段，为学生提供多听、多练的机会。

（5）及时纠错也是听说教学法中的重要原则。这一原则的出发点是，如果错误的语言习惯得以形成，就很难更改，并且可能导致语言石化现象，即学生在长期错误使用外语后，即使意识到错误，也很难改正。因此，这一原则强调教师应及时纠正学生的错误，防止错误习惯的形成，培养学生正确的语言习惯。

2. 听说教学法的优势与弊端

听说教学法尤其强调对外语听力和口语的训练，能够在相对短的时间内提升学生的基础口语和听力能力。

尽管听说教学法在提升学生听力方面卓有成效，但它也存在着一定的弊端。第一，过度强调句型操练。在实践中，这常常表现为重复操练某些句型和表达，旨在使其深入学生的思维。然而，语言学习并非仅仅是习惯的形成，更涉及对语法规则的理解与灵活运用。若是忽视了语法规则的指导作用，学生可能会在理解复杂语句和自我表达时遇到难题，这就限制了他们语言运用的广度和深度。第二，倾向于按听、说、读、写的顺序进行教学。这种教学顺序有时会忽视学生读写能力的训练，导致学生在这两方面的能力较弱。第三，听说教学法往往过于关注语言的形式和结构，而对语言的内容和意义给予较少的注意。这可能会导致学生虽然能够流利地说出语句，却无法理解或表达其深层的意义。这种情况在面对抽象或复杂的主题时尤为突出，会使学生的语言运用存在一定的局限性。

（四）视听教学法

视听教学法源于 20 世纪 50 年代的法国，它是在直接教学法和听说教学法的基础上发展起来的。视听教学法采用视听手段，如电教工具，为学生提供真实、完整的目标语言材料。这种教学法的理论基础同样源于结构主义语言学和行为主义心理学。视听教学法强调语言材料的完整性，因此也被称为"整体结构法"。①这个观点源于认知学中的"整体性原则"，其认为人在学习新知识时，先是通过理解整体概念，然后逐步深入细节的。因此，这种教学法在语言学习过程中，会先呈现完整的对话或文章，然后在学生有整体理解的基础上，逐步深化其对语言结构和意义的理解。另外，视听教学法不仅将语言视为语音、词汇和语法的组合，而且认为语言是人与人之间、社会团体之间的交际工具。这种看法突出了语言的交际功能，强调学习语言应从实际的交际出发，以"话语—句子—单词—音位"的顺序进行。这种自上而下的学习顺序，不仅有助于学生理解语言的实际含义，也有助于学生提高语言的实际运用能力。人们在使用语言交际时，是受到具体情境影响的。因此，该教学法试图通过使用外语和图像，创造类似母语学习的情境，使学生在情境中学习和运用语言。这种情境教学不仅能提高学习的趣味性，也有助于提高学生的语言运用能力。

1. 视听教学法的步骤

外语教学的视听教学法主要包含四个步骤，每个步骤都有不同的实施方式与意义（见图 1-7）。

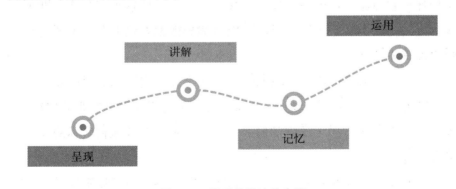

图 1-7　视听教学法的步骤

---

① 孙田. 外语学习理论与方法教程 [M]. 安徽师范大学出版社，2017：275.

（1）呈现。教师利用电教工具，如录像、电视、互动白板等，为学生呈现有意义的教学内容。这些内容可能包括短剧、新闻报道、访谈、动画等，它们提供了具有丰富视听元素的真实语言环境，能够帮助学生在具体情境中理解和感知目标语言。

（2）讲解。教师将利用图像，有选择地听录音，回答学生的问题，并进一步解析所呈现的语言材料，帮助学生加深其对所学知识的理解。

（3）记忆。这一步骤的目标是通过多种练习方式，如重放录音、观看幻灯片等，帮助学生重复记忆对话，强化他们对语言材料的理解和记忆。此外，教师还可以组织一些记忆游戏，如填空、配对、接龙等，以增加记忆的趣味性和深度。

（4）运用。教师运用多种方法，如角色扮演、情境对话、小组讨论等，组织学生运用所学的内容。这种运用不仅包括重复和模仿材料，还包括创造性地在新语境中使用所学的语言。

2. 视听教学法的弊端

视听教学法是一种有效的语言学习方法，但是，它也存在一些不足之处，这些不足可能对学生语言能力的全面发展产生限制。

（1）视听教学法过分强调视觉的直观作用，往往通过真实的语境、图像和声音的结合，使学生感受和理解语言。虽然这种直观性有助于增强学生的理解力和记忆力，但同时也可能导致抽象词汇和语法结构的处理和讲解被忽视。

（2）过分重视语言形式的训练，可能会忽视交际能力的培养。语言不仅仅是一种形式系统，更是一种交际工具。过分重视语言形式的训练，可能会使学生在掌握了语言的形式后，仍然无法有效地在实际的交际中使用语言。

（3）视听教学法对书面语言的重视程度不够。由于视听教学法主要依赖视听材料，学生在学习过程中可能缺乏对书面语言的接触和训练。

而阅读和写作是语言能力的重要组成部分，如果这两项能力得不到发展，学生语言能力的全面发展就可能会受到影响。

（五）认知教学法

认知教学法是一种强调充分发挥学生智力作用，重视对语言规则理解，培养学生全面运用语言能力的教学方法。其理论结构包含了语法翻译法的部分基本特点，如注重语法的作用、采用母语授课、使用翻译手段及文字为教学依托，但同时，它也创新性地克服了语法翻译法的片面性，吸纳了其他教学流派的优点，尤其是认知心理学和心理语言学的理论成果，因此，有人也将其称为"新语法翻译法"。①

1. 认知教学法的主要内容

认知教学法的内容主要涉及三个方面。第一方面的内容是，它认为语言既具有规则性也具有创造性。这意味着语言并非随意的，而是由一套固定的规则所支配的，这些规则构成了语言的基本结构。学习语言，就是去学习和理解这些规则，然后应用这些规则来创造性地使用语言。从学习句子结构开始，然后通过对规则的掌握，使学生能够创造性地使用语言，形成他们自己的表达方式。第二方面的内容是，把学生作为教学的中心，充分发挥学生的主体作用。在外语教学过程中，学生应通过自己的观察、分析和归纳去发现语言规律，掌握语言知识。这一点突破了传统的教师主导模式，强调了学生的主动性和创新性，将学习过程转变为一个富有探索性和实践性的过程。第三方面的内容是，学习外语应该是外部刺激和主体相互作用的结果，而非仅仅是主体对外部刺激的被动反应。这一点反映了认知教学法强调的是学生主动参与和互动学习的原则。学生不是被动接受知识的容器，而是主动参与者，他们在与外部环境的交互中，通过自我探索和实践，理解和掌握知识。

---

① 任玲玲，张婷婷 . 高校英语翻译有效教学研究 [M]. 长春：吉林人民出版社，2020：16.

2.认知教学法的教学原则

（1）以学生为中心。认知教学法强调，学习是认知的过程。其不只是记忆和复述知识，而是通过理解、解析、整合和应用知识，来实现深层次的学习。这一过程会不断刷新和扩展学生的认知结构，使他们的知识体系更加丰富多元。

（2）听、说、读、写并进。认知法强调通过听、说、读、写四种技能的同时培养，来实现学生语言学习的全面发展。语言，是一种复杂的符号系统，对语言的学习不只是简单地记忆词汇和语法，更关键的是锻炼学生理解和使用这种符号系统的能力。在这个过程中，听、说、读、写四种技能都是不可或缺的，它们各有特色，却又相互关联。只有通过全方位的训练，才能真正达到语言学习的目标。"听"是语言输入的重要途径，它让学生沉浸在真实的语境中，感受语言的韵律、语调，捕捉语言的细微变化。"说"则是语言输出的直接体现，它让学生通过实际运用，锻炼语言的口头表达能力。"读"和"写"是语言学习的两个重要方面，它们让学生在沉静的阅读中理解语言，通过书写进一步锻炼语言能力。

（3）有效利用母语。该原则强调了母语在外语学习中的重要作用。母语作为学生既有的语言经验，构成了外语学习的基础。母语与外语在很多方面都有着密切的联系，如语法结构、表达方式等。在外语学习过程中，学生可以通过对比母语和外语，理解并掌握外语的特性和规律。例如，通过比较母语和外语的语法规则，他们可以更清晰地理解外语的语法结构，从而更有效地学习和使用外语。

3.认知教学法的局限性

虽然认知教学法积极借鉴了艾弗拉姆·诺姆·乔姆斯基（Avram Noam Chomsky）的语言学理论，但在实际应用过程中，却忽视了对语言结构的深入描绘。这种忽略，导致了教学内容上的实质性匮乏，进一步削弱了教学效果。同样，尽管认知教学法采纳了认知心理学的理论，倡导以学生的认知过程为教学导向，但在具体实施过程中，如何有效地应用这些理论来指导语言加工过程，尤其是对外语教学而言，却显得指导性不足。

二、人文派

人文派教学法源于 20 世纪 60 年代晚期，在此时期，尽管乔姆斯基的转换生成语法在语言学界产生了深远影响，但语言学习和教学中的问题并未得到有效解决。这促使教师开始寻找新的教学方法，于是人文派教学法应运而生。人文派教学法深受人本主义心理学的熏陶。人文派教学法认为教学不只是单纯的知识传授，更重要的是培养学生的情感，发挥他们的潜力，使他们在良好的学习氛围中取得进步。它将语言学习看作一种人的全面发展，不仅仅是认知上的，还包括情感、动机等多个方面。这种教学法的出现，为解决传统外语教学中的问题提供了新的思路和方法。

人文派教学法主要包含以下几种具体方法（见图 1-8）。

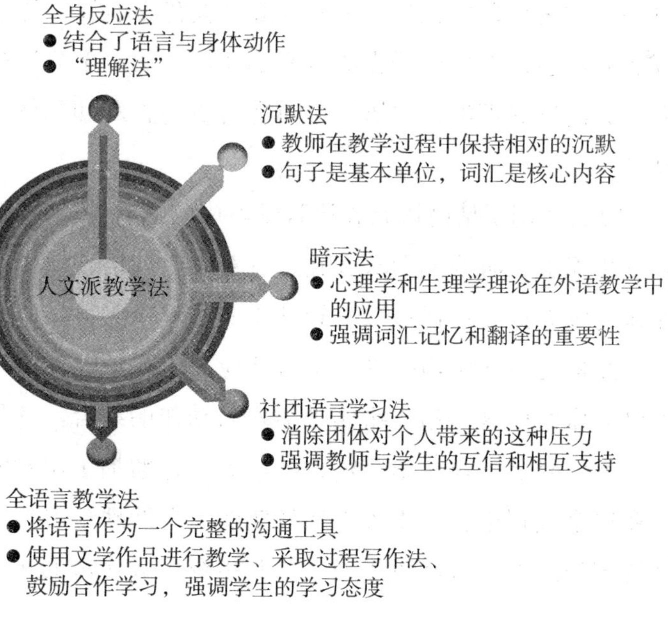

全身反应法
● 结合了语言与身体动作
● "理解法"

沉默法
● 教师在教学过程中保持相对的沉默
● 句子是基本单位，词汇是核心内容

暗示法
● 心理学和生理学理论在外语教学中的应用
● 强调词汇记忆和翻译的重要性

社团语言学习法
● 消除团体对个人带来的这种压力
● 强调教师与学生的互信和相互支持

全语言教学法
● 将语言作为一个完整的沟通工具
● 使用文学作品进行教学、采取过程写作法、鼓励合作学习，强调学生的学习态度

人文派教学法

图 1-8 人文派教学法

（一）全身反应法

全身反应法是由美国心理学教授詹姆士·阿歇尔（James Asher）在 20 世纪 60 年代所提出的一种语言教学方法，它以行为主义的刺激反应观念作为理论基础。[①] 此法强调使用口语刺激来引发身体动作反应，因此，它结合了语言与身体动作。阿歇尔对幼儿学习母语的过程进行了深入的观察。他注意到，幼儿在掌握语言技能之前，已经通过大量的听力活动学习了很多。在听的过程中，幼儿会使用他们的身体作为回应方式，例如，通过手势、头部和身体动作等来表达对听到的内容的理解。阿歇尔的观察结果形成了全身反应法的基本原则。他主张，成人在学习外语时应该采用与儿童学习母语相类似的方法。也就是说，在掌握说话技能之前，成人应该有一段时间保持沉默，只用身体动作来表示他们是否理解了他们接收到的语言。因此，全身反应法实质上是一种通过身体动作来回应语言指令的方法。由于全身反应法强调在理解的基础上学习外语，有些人也将其称为"理解法"。这种方法以理解为前提，使学生在掌握新的语言能力之前，先理解语言的含义和使用方法。全身反应法通过身体反应表达对语言的理解，使语言学习变得更为直观和具体，从而提高了学习效率。

全身反应法强调了情感因素在语言学习中的重要性。在阿歇尔看来，如果教学方法能够以游戏的形式存在，且对学生的语言输出没有过高的要求，那么这种方法就可以有效减轻学生的心理压力，培养他们愉快的学习情绪，并最终提升学习效率。全身反应法主要通过教师发布口头指令，学生以动作回应这些指令来实现语言与动作的结合。这种交互性的教学方式，不仅降低了学生语言输出的压力，也增加了课堂的活跃度和互动性。在这个过程中，学生可以通过实践，自然地学习到大量的词汇和语句结构知识。由于教师可以通过口头指令生成无数的句子，学生在

---

① 金明芬，武晓蓓，社会．英语教学法教程 [M].北京：中国纺织出版社，2019：82.

执行这些指令的过程中，可以于无形中练习和学习新的词汇和语句结构。全身反应法的运用，不仅使学生在实践中提高了他们的语言理解能力，也有助于他们更好地理解和记忆新的词汇和语句结构。

（二）沉默法

沉默法是一种由美国心理学家凯莱布·加特诺（Caleb Gattegno）在 20 世纪 70 年代早期提出的外语教学法。[①]沉默法的主要理念是教师在教学过程中应保持相对的沉默，从而让学生有更多的机会参与到活动中，尽可能多地说话和练习。这种教学方法不仅提倡教育活动应以学生为中心，还强调培养学生的独立性、自主性和责任感。这种教学法的目标是通过对语言基本要素的训练，来培养初学者的听说能力。在课程设计中，沉默法倾向于采用结构化的教学大纲，根据语法项目和词汇来进行安排。新的语法结构和词汇被分割成小的组成部分，然后逐一教给学生。在这种教学方法中，句子是教学的基本单位，词汇是教学的核心内容。沉默法的理念深受教育哲学的影响，认为教育的最终目标是培养出能够独立思考，有责任心，能解决问题的学生。加特诺视语言学习为一种发现问题并创新性地解决问题的活动。在这个过程中，学生通过自我挑战，实现个人成长。学生需要培养独立性、自主性和责任心，将无序的学习转变为有序的学习。

沉默法强调了学生在语言学习过程中的主动性和所扮演的多元化角色。学生在学习过程中既可以扮演独立的学习者，又可以成为小组活动中的一员。他们需要自行决策，在不同的情境中扮演不同的角色，以提高他们的适应能力和自我管理能力。

（三）暗示法

暗示法是乔治·洛扎诺夫（Georgi Lozanov）在 20 世纪 70 年代提

---

① 王雅琴，徐未芳，杨巧章．自主学习导向下的大学英语教学法革新路径探索[M]．长春：吉林大学出版社，2019：41．

出的一种外语教学法，这种方法源于他对心理治疗原理的研究。①暗示法主张情感可以引导学生产生特定的兴趣和喜好，这种兴趣和喜好不仅会影响未来行为的选择，还会刺激生化反应，使学生进入一种充满潜力的生化环境。在这种环境中，思维和身体紧密相连，使学生的身心都处于一种有效学习的准备状态。暗示法是心理学和生理学理论在外语教学中的应用。它的目标是通过各种暗示性手段来激发学生的学习动机，发掘他们的学习潜力，并消除他们的焦虑和紧张情绪，以达到高效率的学习。洛扎诺夫并没有明确提出暗示法的语言学基础，但他强调了对词汇记忆和翻译的重要性，他主张学习者应在完整、有意义的语境中理解语言材料，这样才能进行有效的交际活动。洛扎诺夫视权威性、幼稚化、双重交流、语调变换、节奏和音乐为暗示法的重要特色。通过这些方式，暗示法创造了一种积极的学习环境，让学生在放松的环境中学习，释放他们的学习潜能，从而实现了优化教学效果的目标。

根据洛扎诺夫的理论，如果信息源被视为权威，那么这个信息会被学生更深刻地记忆并受其驱动。因此，洛扎诺夫设计了一系列策略以强化学校和教师的权威性，例如，提升学校的声望、展现教师的自我信心、调整师生距离，以及保持教师积极的态度等。这些元素在一定程度上增强了学生对教学内容的记忆力，进而提升了学习效果。此外，根据洛扎诺夫提出的理论，在交际过程中，说话人所传递的信息有两个层面：一个是语言内容，另一个是随语言内容而来的非语言信息。学生在接受教学内容的同时，也会受到教学环境的影响，如教室的装饰、教师的性格和教态等。这些周边刺激会在学生的学习过程中产生关键的影响。

（四）社团语言学习法

社团语言学习法，由查尔斯·A.古兰（Charles A. Curran）于 20 世纪 60 年代初在美国提出，是一种富有创新和人文关怀的外语教学法。该

---

① 章兼中. 国外外语教学法主要流派 [M]. 福建教育出版社，2015: 295.

教学法意味着学生在学习过程中可能会遇到种种困扰和问题，这些问题的本质与人们在心理咨询中所面临的挑战相似。当成人在学习外语时遇到困难或挫折，他们可能会感到同伴的压力，从而产生焦虑。社团语言学习法的目标就是要消除团体对个人带来的这种压力，包括焦虑、竞争与冲突，因此，它也被称为"咨询学习法"。

在社团语言学习法中，教师和学生的角色得到了重新定义。他们被视为咨询者和被咨询者的关系，这种关系强调的是互信和相互支持。在这个环境中，教师的职责是为学生提供一个安全的学习环境，只有在这种环境中，学生才能自由地参与语言学习和思想交流。这种方法强调调动学生的情感因素，帮助他们了解和接受自己。社团语言学习法的核心是人本主义的全人教育理念。这种理念认为，学习不仅仅是知识的获取，更是学生个人发展的历程。在这个过程中，教师的角色是为学生服务，帮助他们达成学习目标的。这是一种非常人性化、关怀学生的教学方法，它尊重学生的独立性，关注他们的情感和需求，帮助他们克服困难，提高自信，从而实现有效的学习。社团语言学习法的实施需要教师具有高度的人文关怀和专业素养。他们需要理解学生的情绪，给予他们必要的支持和鼓励，让他们在安全的学习环境中自由地参与学习和交流，这样才能使学生在学习的同时，得到全面的发展，从而实现个人的价值。不仅如此，学生也需要积极的心态和足够的耐心，以面对学习中的困难和挑战，这样才能真正享受学习的过程，实现他们的学习目标。

古兰在社团语言学习法中引入了"SARD"理念，其代表了四个不可或缺的学习要素：安全感、注意与进取、记忆与反思，以及辨别能力。

在学习环境中，安全感可以消除学生的紧张情绪，并鼓励他们参与到学习活动中去。一个有安全感的学习环境能使学生更加积极地投入学习中，也能使他们更有效地掌握知识。

注意力和进取心也是学习过程中的关键因素。它要求学生在课堂学习中高度集中注意力，并积极参与各项教学活动。注意力是信息处理的前提，而积极的态度则有助于学生更好地参与到学习过程中来。

记忆和反思是知识内化的重要步骤。当学生全身心地投入学习时，他们记住的内容就会成为他们所掌握知识中的一部分。在课堂教学中，古兰会特别强调安排一段时间让学生去思考和回顾所学内容，这样的方式可以使学生对学习内容有更深入的理解，记忆也会更持久。

辨别能力在学生正确运用所学知识方面发挥着至关重要的作用。它指的是学生能够区分自己和他人使用语言的正确性与差异，甚至能够根据语言材料推断出语言元素之间的关系、功能和属性等。强大的辨别能力使学生能够将在课堂上学到的语言知识运用到实际交际中去。

（五）全语言教学法

全语言教学法源于 20 世纪 90 年代，其最早是用于改革小学的母语教育，后逐渐在中学和成人外语教育中得到应用。这种方法主张将语言作为一个完整的沟通工具来对待，而不是将其分割为独立的语音、语法和词汇部分。该方法力求向学生展示语言的完整性和连续性，让他们可以在真实语境中进行学习。全语言教学法以人本主义和建构主义为理论依据。人本主义主张营造一个自由宽松的学习环境，提倡以良好的师生关系提高学生的学习效率。与此同时，建构主义的教学观念则强调了教师的指导作用，尊重学生作为知识的主体构建者，鼓励他们主动参与到学习中去。

全语言教学法具有四个鲜明的特点，包括使用文学作品进行教学、采取过程写作法、鼓励合作学习和强调学生的学习态度。这些特征都增强了全语言教学法的实施效果，使其在诸多教学方法中独树一帜。为了实践这些理念，全语言教学法经常通过多种活动如自由阅读和写作、使用非分级对话材料、利用写作档案袋、组织写作会议、鼓励学生创作、编写故事等方式进行教学。

三、交际功能派

（一）交际教学法

交际教学法源于 20 世纪 70 年代的英国，它在语言学习过程中，侧重于学生交际能力的提升。这种教学方法把语言看作一种用来交际的工具，因此，在教学过程中，交际教学法注重的是学生使用语言的能力，而非仅仅是语言本身的结构和规则。交际能力是交际教学法的关键内容。这种能力包括语法能力、语篇能力、社会语言能力和策略能力，这些能力集中反映为学生在特定语境中说出恰当得体话语的能力。教学中，教师要根据交际的目的、语境、身份、谈话对象和谈话内容等因素来教授和实践语言。

在交际教学法中，语言被看作实现特定功能的工具，如叙述事情、完成任务、达成目标等。教学不再以语法规则为中心，而是以语言的功能性为主线。教师会组织各种活动，模拟真实的交际场景，让学生在实践中掌握和使用语言。尽管交际教学法强调语言的功能性和实际应用，但它并不完全排斥语法的教学。交际教学法接受语法教学的观点，认为语法是语言学习的重要部分，但反对以语法为教学的主导。换句话说，语法应该在交际教学中起支持作用，而不是主导作用。

（二）活动教学法

活动教学法是一种重视学生参与、实践和互动的教学方式，英国语言学家哈罗德·E. 帕尔默（Harold E. Palmer）是活动教学法的重要倡导者之一。他为外语教学提供了一种系统的理论框架，并提出了"平衡活动教学法"。平衡活动教学法的核心理念在于实现教师、学生和教材三者之间的平衡。这种平衡不仅体现在课程设计和教学方法上，更反映在教学过程中每个角色的参与和贡献中。教师不再是知识的唯一提供者，学生也不再是被动的接受者，教材也不再是教学的唯一依据。三者之间将形成互动和互补，共同推动教学过程的进行。

活动教学法中的"活动"一词涵盖了两个层次的含义：宏观和微观。在宏观层面，活动代表了教学大纲的设计理念。它连接了大纲和课堂教学之间的关系，为教师提供了一种能够按照大纲要求进行有序、计划性实施的方式。宏观层面的活动要求教师对教学内容有深入的理解，以确保教学的连贯性和一致性。在微观层面，活动是指课堂教学活动，是教师和学生之间交流思想、感情和信息的方式。通过这些活动，教师和学生的主体作用得以充分发挥，课堂教学变得更加生动、实际和有效。教师和学生在这些活动中构成双重主体，他们之间的关系是平等、合作和协商的。在这种教学模式下，教师的主要职责是精心设计和组织活动，推动学生参与活动，确保学生能够自觉主动地参与到信息的输入和输出中。

（三）内容型教学法

内容型教学法的心理学和语言学理论基础与交际法相同，是交际教学法的一种。该教学法既重视教材的真实性，即教材内容应反映实际生活或学科的真实情况，又强调教材的可理解性，认为教材内容应在学生的理解范围内，以便更好地吸引和保持学生的注意力。在这种教学模式下，语言的形式、功能和意义被整合在一起，而不是被孤立地对待，这有助于提升学生的学习动机。

尽管内容型教学法有诸多优点，但它也面临一些挑战。例如，对教师的专业要求较高。它要求教师不仅要具备学科内容知识、学科教学技能、外语知识、外语教学技能，还需要具备教材开发和教学评价能力。

（四）任务型教学法

任务型教学法是一种富有创新性和有效性的教学方法，源于交际教学法，并在1983年被正式提出。此教学法以任务为中心，通过让学生完成一系列规定的任务，从而达成语言学习目标。在任务型教学法中，任务被视为课程的核心。这些任务旨在鼓励学生通过思考和加工已知的信息来达成某一特定结果。每个任务都设计得富有挑战性和趣味性，以便激发学生的学习热情，同时也能帮助他们掌握和使用新的语言知识。

任务型教学法特别强调交际性任务的重要性。这些任务要求学生理解或掌握目标语言，并使用该语言进行互动。在执行这些任务的过程中，学生的注意力主要集中在交际的意义上，而非语言的结构形式上。这有助于提高学生的交际能力，同时也能使他们更好地理解和使用目标语言。任务型教学法的理论基础源自苏联心理学家维果茨基（Lev Vygotsky）的语言和学习理论。维果茨基的语言和学习理论强调社会交往在语言学习中的重要性，他认为语言的获得是个体之间交往的结果，同时，语言也是认知发展的工具。这一理论为任务型教学法提供了理论支撑。

第四节　中国外语教学的历史溯源

一、早期的外语教学

（一）早期外语教学的发展

明朝时期，教授外语的学校主要是"四夷馆"。在永乐年间，我国与国外的交往日益增多，对外语人才，主要是翻译人才的需求也随之增多。外语教学因此备受重视。在这个时代，不仅四夷馆中学习成绩优良的人可以获得官职，而且民间精通外语的人也可能被推荐担任重要职位。①除官方的四夷馆外，私人教授外语的现象也开始兴起。为了进入仕途，人们除寻求进入官方的四夷馆学习外，还会寻找教师进行私下的外语教学。

清朝时期，外语教学取得了较大的进步。在这个时期，我国历史上最早的俄语学校——俄罗斯学馆应运而生。据历史记载，俄罗斯学馆并非仅仅是为了培养翻译人员，它的目标更为深远——为清政府培养能够与俄国政府进行外交和商务交往的官员。鸦片战争后，清政府中除一部分顽固派外，众多朝野人士开始认识到，只有深入了解和学习西洋文明，

---

① 孙魏.明代外交机构研究 [M].北京：中国书籍出版社，2019：128.

才能巩固清朝的统治，实现国家的振兴。在这样的大环境下，外语教学被赋予了前所未有的重要地位。因此，出现了一批外语学校及重视外语教学的洋务学堂和地方学堂。在 20 世纪以前，清朝的外语教学主要采取了三种形式。一是传统的科举制书院和民间私塾。这是我国古代教育的传统形式。二是清政府官办的各种新式学堂。这些学堂一般由地方绅士发起和运行，教学内容与方法都比较新颖。三是外国传教士创办并控制的教会学校。这些学校一方面传播基督教教义，另一方面也教授西方科学知识和外语。

1. 传统科举制书院及民间私塾

传统科举制书院及民间私塾在近代中国的教育发展中起到了重要的作用。在那个时期，外语教学开始被重视并推广到各级学校，包括京师同文馆、上海同文馆、广州同文馆、湖北自强学堂、台湾西学馆等外语学校，以及以学习西方科学技术或军事装备为主的福建船政学堂等洋务学堂。1862 年建立的京师同文馆是我国近代历史上第一所官办的新式学校，这也标志着我国学校正规英语教学的开始。京师同文馆虽然具有明显的封建性和半殖民性，但它在我国教育史上还是占有重要地位。同文馆建立初期，课程只开设了外文与中文两门，后来人们发现只懂外文还不足以办好涉外事务，也难以引用西方富强之术，所以又增加了其他实用学科。继京师同文馆之后，清政府又相继设立了上海同文馆、广州同文馆、湖北自强学堂、台湾西学馆等外语学校及福建船政学堂等一系列以学习西方科学技术或军事装备为主的洋务学堂。这些学校和学堂的建立，标志着我国教育开始从传统的科举制转变为新式的教育模式。在这些洋务学堂开设的课程中，外文与其他理工科课程并重，希望学生通过学习外语掌握西洋的"测算之学""格物之理""制品尚象之术""治军之法"。①

---

① 郭岩 . 中国英语教育的变迁及对社会发展影响研究 [M]. 北京：光明日报出版社，2016：24.

2. 政府或各地士绅兴办的新式学堂

19 世纪 70 年代，中国的一些省份开始创办新式书院，这是中国现代教育的一次重大变革。较早创办的新式书院有上海的格致书院、正蒙书院，以及广州的万木草堂等。这些新式学堂或书院的创办，无论是办学的指导思想，还是具体的课程设置，对西学（包括外语）的重视程度都远远超过了改章或改名后的旧式书院。

在这些新式学堂中，外语被设定为主课之一，教学时间明确，教学要求也有详细的规定。这不仅反映了清朝晚期教育者对外语学习的重视，同时也让他们深刻认识到，语言是获取知识、理解文化的关键工具，是与外国交流、学习西方科学技术的桥梁。新式学堂的外语教师多为同文馆的毕业生，他们接受过正规的外语教育，具备较强的语言实际应用能力。

3. 外国传教士创办的教会学校

在京师同文馆成立之前的几十年，外国传教士就已经开始在中国的一些沿海城市进行英语教学，开启了中国现代外语教育的前奏。这些早期的英语教学多由英美两国的传教士举办，因为其覆盖范围较狭窄，规模极小，所以并未形成一种正规、系统的教育形式。最早来华传教的英国基督教传教士罗伯特·马礼逊（Robert Morison）于 1828 年在马六甲设立了英华书院，这是西方基督教传教士在南洋开设的第一所教会学校。① 该校开设的课程包括英文、中文、地理、几何和伦理等，已经初步建立了现代学科的教育形式，并培养了中国的早期外语人才。鸦片战争以后，外国人办的教会学校逐渐增多。在 19 世纪 70 年代以前，这些教会学校主要的目标是扩大基督教的影响，培养信徒，巩固在华的宗教事业。学校的课程主要是读《圣经》、讲授简单的算数，英语并不是一门必读的科目。第二次鸦片战争失败后，清政府为了解决内忧外患，开始进一步培养既懂外语又掌握一定实用学科的人才以巩固其统治，并派遣

---

① 张正东. 琼林樵萃：外语教学论著自选集[M]. 北京：人民教育出版社，2002：639.

年轻的学子去海外留学。清政府选派了包括詹天佑、唐绍仪等在内的儿童赴美留学，开创了中国学生公费出国留学的先例。在此后的几十年里，一些洋务学堂也开始派遣学生出国留学，留学教育的风气逐渐兴起。

（二）早期外语教学的特征

早期的外语教学有以下几点特征。

1. 教学目标开始转变

外语教学的目标从培养专门的外语人才转变为培养能利用外语从事其他专业的复合型人才。在最初的阶段里，这些外语学校的主要目标是培养外语翻译人才。然而，随着时间的推移，这一目标逐渐变得更加全面，1867 年以后的京师同文馆、上海同文馆及洋务学堂的教学目标变为培养能够利用外语从事其他专业领域工作的复合人才，这标志着外语教学目标的转变，也标志着中国的外语教学开始注重外语的实用性和应用性。

2. 课程设置更加多样

1903 年以前，具有官办外语学校性质的同文馆和洋务学堂对外语（尤其是英语）教学的重视一直相对稳定。这些学校都将外语作为主要学科，开设的语种也呈多样化的局面，以英语为主，兼设日、德、法、俄等语种，这也反映了我国对外语教育的开放性和包容性。

3. 语言知识和翻译成为主要的教学内容

1890 年，清朝有官员认为，同文馆的学生虽然对文字有所了解，但语言掌握不熟，无法准确传达洋人的意思。由此可见，同文馆非常重视语言知识的教学。1896 年，清政府批准变通书院章程，开始整顿各省书院，将书院的课程扩充为六门，其中第六门即为《译学》，《译学》课程的设立进一步强调了翻译技能在外语教学中的重要性。

4. 语法翻译法成为主要教学方法

在同文馆的考试中，初试是将外国照会翻译成汉文，复试是将条约中的一段文字译成外文，最后的口试则是将汉语翻译成外语。这样的考试模式反映出语法翻译法在早期外语教学中的主导地位。

二、清末民国初期的外语教学

20世纪初，清政府在深刻认识到教育改革的重要性后，实行了一系列的新政，期望通过这些措施来推动国家的近代化进程。其中的一项重要措施就是设立新学堂，并制定新学制。在1902年和1903年，清政府分别颁布了《钦定学堂章程》（壬寅学制）和《奏定学堂章程》（癸卯学制）。

这两个学制规定，中学堂以上各学堂均开设外语课。不过，《钦定学堂章程》并未实施，所以我国大中学校普遍开设外语课一般来说应将1903年作为起点。

这个时期的外语教学主要有以下几个特点。

（一）教学目的明确

外语教学的目的主要为临时应用，增进智能和知识积累。这表明当时的政府已经开始意识到了外语教学的教育目的或普通教育目的，如外语教学促进智力发展的目的。

（二）教学内容得到扩展，教学方法以翻译法、直接法并存为主

就教学内容而言，在传统的阅读、翻译、会话等教学内容基础上，新学制增加了语音、会话、作文，以及文学要略等新的教学元素。显然，教师注意到了语音学习、会话和作文的重要性。然而，尽管这些新元素的加入使教学内容更加丰富和全面，教学的重点仍在培养阅读、翻译和语法能力上。如《奏定学堂章程》指出："当先审发音、习缀字，再进则习简文章之读法、书法，再进则讲普通之文章及文法之大要，兼使会话、习字、作文。"[①]

在教学方法上，清政府新学制主要采用翻译教学法，但随着教育理

---

① 舒新城.近代中国留学史[M].北京：中国书籍出版社，2022：504.

念的变革，直接教学法也传入我国，出现了翻译教学法与直接教学法并存的局面。直接法强调直接使用目标语言进行教学，强调语言学习的实践性和自然性，这也进一步促进了教学方法的多样化和个性化。新学制的实施，提高了学生学习的主动性，强调了语法学习的意义性，以及课外外语学习的重要性。

（三）教材种类较多

外国人编写的教材有《华英初阶》《华英进阶》《英华初学》等。中国人编写的教材有《英文汉诂》《英语模范读本》等。

这些教材中英美文学的片段占了较大的比重，词汇量较大。

三、国民党统治时期的外语教学

（一）教学目的由注重实用转为注重教育和教养

在 1948 年之前，中国的外语教学重视其实用目的，即为升学做准备。这是由当时的社会背景和教育需求来决定的。然而，这种教学目标的设置忽略了外语教育与国家发展之间的关系，以及外语教育的人文性。以 1939 年召开的第三次全国教育会议为例，会议中关于中学英语教学的四个主要议案中，有两个议案主张将英语改为选修课，一个议案提议减少英语学时，只有一个议案主张增加学时。即使是主张增加学时的议案，也认为若不预备升学，学习英语的学时可以进一步减少，甚至完全不学。这表明，教育部门和教育者过分关注英语学习的实用目的，忽视了其在人文教育和国家发展中的重要作用。随着社会的发展和教育观念的变化，1948 年后的外语教学对外语教学目的有了更全面的认识，开始注意到了外（英）语教学的实用目的和教育目的。

（二）学习资源较为丰富

1.教材品类多

（1）教材版本多。除众多的英美原版教材外，国内的出版社也纷纷出版并推销各种版本的教材。在 1928—1935 年，教育部正式审定的教科书中，初中教材就至少有 20 多种，高中教材至少有 6 种。教材的多样性满足了不同学校、不同地区和不同层次的学生需求。

（2）语法书、读本和工具书种类多。语法书有《开明英文法》《开明新编中等英文法》等；读本有《英华会话合璧》《英文作文教本》等；工具书有《英文用法大字典》《双解实用英汉大字典》等。

（3）多种英文期刊。多种英文期刊的出版也为英语学习提供了实时的、富有活力的学习材料。例如，中华书局的《英文周报》，商务印书馆的《英文周刊》《英文杂志》等。

2. 学生有较多机会接触外语

在教会学校和设施齐全的中学中，数学、物理、化学、英语、历史和地理等科目均使用英文原文教材。大城市和中等城市常常有播放英美原版电影、出版英文报纸，以及发布英文商业广告和海报的情况。此外，有些地方也会见到外国人。因此，学生有更多的机会接触外语。

（三）外语教学发展地区差异较大

在外语教学方面，城市与农村、沿海地区与内陆地区、教会学校与非教会学校，以及国统区与解放区之间存在显著的区域差异。城市中的中学通常设有外语课程，并且教师素质较高，多为留学生、传教士和教会大学的毕业生。而在农村中学，往往没有设置外语课程。沿海城市的中学，特别是上海、天津等大城市的中学外语教学质量优于内地学校，而且沿海地区和大中城市的一些高级小学五、六年级已经设立了外语课。相比之下，教会学校的外语教学质量通常比非教会学校更高。

（四）外语教学研究得到重视

1. 出现了研究外语教学的文章、专著、期刊和学术团体

关于外语教学研究的文章逐渐增多，出版了几本讨论外语教学法的著作，如《英语职业教授法》《英语教学言论集》等。除此之外，还成立了一些研究外语教学的学术团体。

2. 开始研究和介绍西方的语言学和语言教学法

有些学校的语音教学已经开始从传统的韦氏音标或牛津音标过渡到使用国际音标，以适应更为广泛和深入的语言交流需求。这是一种全新的教育模式，旨在帮助学生更好地掌握和理解世界各地的发音规则，从而提升他们的语言能力。这个改变并不仅仅局限于音标的使用。许多学者，都在积极倡导和推广一种新的教学方法——"直接教学法"。他们不仅在理论上进行深入探索，也在实际的教学实践中进行尝试和实验。张士一教授是这一理论的主要推动者之一，他对直接教学法的推广做出了显著的贡献。同时，周越然、陆殿扬、沈同洽等人也都积极宣传和推广直接教学法，为中国的语言教育带来了新的视角和方法。

3. 开展教学调查

20 世纪初，中国的外语教育处在发展和变革中。为了更加深入地了解当时的学生英语水平和教学现状，1929—1930 年，艾伟教授等一批教育学者进行了一次针对中学英语教学的书面调查。这一调查的开展，旨在从调查资料中获取信息，以便能够了解现实情况并根据结果进行相应的改革和策略调整。1932 年，他们扩大了研究的范围和深度，对全国九个省的高中英语阅读水平进行了大规模调查。这次调查覆盖了更广大的地区和更多样的学生群体，得出的数据和结论具有更强的代表性和普遍性。之后，他们又将视线转向了更高层次的教育机构，对全国 12 个省的 27 所大学的大学一年级学生的英语阅读水平进行了调查。

四、中华人民共和国成立后的外语教学

自中华人民共和国成立以来，我国的外语教学取得了很大发展，但经历了一个曲折的发展过程，大致可分为四个发展阶段：迅速发展俄语教学阶段、初步恢复英语教学阶段、繁荣发展阶段、发展创新阶段。

（一）迅速发展俄语教学阶段

中华人民共和国成立伊始，国家的各种设施与产业都需要重塑和重

建。在这个时期，制定的革命与建设事业的总方针是向苏联学习。苏联模式为新中国带来了学习和借鉴的方向，提供了新的建设理念。然而，要实现这个目标，就必须有一批懂俄语的人才，他们可以作为新中国与苏联之间的桥梁，通畅两国的交流，为国家的发展带来新的思维和观念。因此，当时的外语教学强调俄语教学，进而使俄语教学进入了一个迅速发展的阶段。与此同时，英语作为中学的一门学科，却在很长一段时间内处于一种勉强维持的局面。由于社会需求的改变，英语教学在一定时期内并未受到充足的关注和资源投入，导致其发展状况相较于俄语教学呈现出一种尴尬的局面。在这一时期，尽管俄语教学存在着师资不足和教材不适应的问题，但由于社会的急切需求，一些地方的俄语教学仍然在艰难的条件下勉强开展。这种仓促的状况虽然满足了当时的需求，但也不可避免地影响了教学质量。

自 1952 年起，俄语教学在中国得到了前所未有的发展。全国各地建立了大批的俄语专科学校，包括中国人民大学等 19 所高等院校都设立了俄文系，同时各业务部门也相继开设了俄文学校。此时的高等院校的公共外语课程主导语种也是俄语。这一现象的发生，与中华人民共和国成立后政府颁发的第一份中学教学计划有着密切的关系。这份教学计划，即 1950 年教育部颁发的《中学暂行教学计划（草案）》，该计划明确提出了以俄语为主的教学方针，这在中国教育史上尚属首次。在此背景之下，许多中学也纷纷开设了俄文课。这无疑大大推动了俄语教学在全国的普及和发展。经过多年的不懈努力，俄语教学工作走上了正轨。一方面，在苏联专家的协助下，中国陆续制订了教学计划、教学大纲，编写了教材。这些教学资源为俄语教学提供了坚实的基础。另一方面，大量的高校毕业生进入教育行业，为俄语教学注入了新鲜血液。

1956 年，中央在制定 1956—1967 年全国自然科学和社会科学十二年长期规划时发现，新中国成立后过于厉行减少西方语言（尤其是英语）

的教学，这对于国际交流和国内建设都是不利的。因此，中央决定在继续推广俄语教学的同时，逐步加强其他外语（特别是英语）的教学。

（二）初步恢复英语教学阶段

这一时期，中国的英语教学领域发生了显著的变化，表现为逐渐扩大英语开设面积和增加英语课时。在新的教学计划中，外语已被列为一门重点学科。1956—1957年，教育部先后制定了高中和初中的《英语教学大纲（草案）》，标志着中学英语教学开始走上正轨。1964年，教育部颁发了《外语教育七年规划纲要》，提出加强"普通中学外语教育"，要求并确定英语为第一外语。到1970年以前．把学习英语、俄语的学生比例"先要求调整到一比一，1970年以后再逐步做到二比一"。①

（三）繁荣发展阶段

1. 外语教育政策的出台推动了外语教学的发展

（1）外语被列为中学基础学科。十一届三中全会之后，中国的外语教育进入了繁荣时期，实现了长足的发展。1978年8月，教育部在北京召开了全国外语教育座谈会，通过了《加强外语教育的意见》。该意见对外语教学予以充分重视．为外语教育在学科地位上赢得了合理的位置，明确了外语教育的重要性和必要性。此后，1981年颁发的《全日制六年制重点中学教学计划试行草案》再次确认了这一地位，将语文、数学和外语三门学科列为重点科目。这无疑进一步推动了外语教育的发展，为其取得更大的进步创造了条件。

（2）外语成绩计入高考总分。从1979年起，教育部也开始对外语考试成绩的计分方式进行改革。开始采取逐年提高计分比例的办法将外语成绩计入高考总分，这种做法从源头上提高了学生学习外语的积极性和主动性。直到1983年，外语成绩的计分比例已经达到了100%，全部计入高考总分。

---

① 李良佑．中国英语教学史[M]．上海：上海外语教育出版社，1988：310.

2. 培训师资，增加师资数量，提高师资质量

在过去的一段时间里，由于对外语教学的重视程度不够，使中学英语教师的数量严重不足，这一问题一度困扰着教育界。因此，大力培训师资成了这一阶段的主要任务之一。在此背景下，教育部门投入了大量的精力和资源来解决这个问题。1982年，中学英语教师的短缺情况已经得到了一定程度的缓解。但是教师数量的增加并不能解决所有的问题。因此，1982年以后，师资培养工作的重心开始转向提高已有师资的质量，力求通过提升教师的教学水平来进一步推动外语教学的发展。到1985年，全国中学英语专任教师的数量已经增加到了30多万人。

3. 开展教学研究，成立教研组织

在这一时期，全国各地的许多学校都开始了大规模的中学英语教学实验研究。在教学方法、教材编写和使用等方面，这些学校取得了一定的突破，积累了宝贵的经验。福建省厦门市第二中学、云南省昆明市第一中学、昆明市第八中学、华东师大第二附属中学、上海市向明中学、天津市实验中学、江苏省无锡市第一中学、北京市第十一中学等都在自身的实验基础上，提出了充满洞见的研究报告，这些报告以实证材料、深度分析与独特视角为特征。无论从广度还是深度来看，这些研究在中国的英语教学史上都是前所未有的。这不仅推动了教学理念和方法的创新，也为英语教学实践提供了有价值的参考。

此外，这一时期还进行了全国范围内的中学英语教学调查。1985—1987年，由国家教委高教一司和中学司的领导和组织，全国15个省市教委、教育厅（局）及相关的高等师范学校、教育学院等组成了联合调查组，对我国中学英语教学进行了大规模的调查。这次调查为中学英语教学改革提供了大量的第一手资料，这些资料为科学且切合实际的改革奠定了基础。

4. 教学质量逐步提高

经过20多年的努力，我国初、高中学生英语听、说、读、写的技能和运用英语进行交际的能力明显增强，中学外语教学的质量不断提高。

（四）发展创新阶段

1998 年至今是中国外语教学的发展创新阶段。从 1998 年开始，我国的外语教学研究经历了一个关键的转折点。在此之前，中国的外语教学研究可能更多地依赖西方的研究模式和理论框架，但从这一年开始，国内的研究者开始更加深入地探讨和理解中国特有的外语教学环境。在学习和吸收国外的外语教学理论和研究成果后，国内研究者开始积极地结合中国的实际情况，进行更为细致和深入的研究。他们不再单纯地模仿或采用外国的模式，而是在认真地分析中国学生学习外语的实际需求和特点的基础上展开研究，并提出了自己的看法和建议。对比之前的研究阶段，这一时期的研究成果数量明显增加，这与国家对外语教学研究投入的重视和支持密不可分。国家社科基金项目和教育部的人文社科项目全面启动，为外语教学研究提供了更为广泛和深入的资金支持。外语语言研究、外语教学理论与教学模式研究等领域得到了重点扶持。特别值得关注的是，英语教育研究项目在这个阶段得到了前所未有的发展。不仅研究的数量大幅增加，研究的范围和深度也都有了显著的拓展。研究方法日益多样，从定量研究到定性研究，从案例研究到实证研究，都反映出研究者对于外语教学问题的深入理解和探索。同时，研究成果的形式也更加丰富，不仅有传统的学术论文，还有教学方法的创新、教材的编写和教学工具的开发等。

这一阶段我国的外语教学研究达到了一个历史性的高峰，研究的内容和深度都有了前所未有的拓展，几乎涵盖了与外语教学相关的各个方面。关于理论研究，外语教学与二语习得、语言学、应用语言学、心理语言学、社会语言学、跨文化交际、语料库语言学和语用学等领域的交叉点被充分挖掘。这不仅展示了外语教学理论的系统性和全面性，更重要的是，为外语教学带来了更为科学和高效的理论指导。课堂教学作为实践的核心环节，更受到了广大研究者的密切关注。他们不仅仅只是满足于对教学模式的探索，更多的是深入每一个细节，试图通过实证调查寻找最佳的教学策略。教学内容的研究开始转向更具挑战性的领域。口语、写作和词汇教学的研究尤其受到了重视。这标志着我国外语教学从注重语法和结构到注重实际应用的重要转变。当然，作为21世纪的标志性技术，网络和多媒体的广泛应用为外语教学带来了革命性的改变。其应用在教学中的研究数量激增，这不仅是技术的进步，更是教育思想的更新。通过网络和多媒体，教学不再受限于课堂，学习的时间和空间都得到了极大的拓展。

在这个阶段，外语教学研究显现出前所未有的变化，其中最为显著的是研究方法的转变。过去，外语教学研究可能过于依赖纯理论的探讨和评述，然而现今的研究更多地融合了应用性与实证性。研究者采用了更为科学的研究方法，包括定量和定性研究，对外语教学的各个环节进行了深入细致的探索和分析。

在当前的社会背景下，全球化已经成为不可逆转的潮流。无论是经济、政治、科技，还是文化、信息传播、安全等领域，全球化的足迹都无处不在。这使"地球村"这一概念不再是遥不可及的梦想，而是一个日益明确的现实。在这样的背景下，外语的作用不容忽视。它已经从单纯的交流工具上升到了一种全球化沟通的重要媒介。对我国来说，外语教学的重要性已经不再局限于教育领域。其背后关乎的是我国的对外政治、经济交流，以及文化输出的能力。随着改革开放的深入，对外交流已成为我国发展的一部分，外语教育的提高则成为支持这一交流的关键。此外，随着我国国际地位的日益上升，外语教育也成为提高国民整体素质，尤其是青少年素质的一个关键环节。在众多的跨国公司、国际组织和学术交流中，优秀的外语能力不仅能够为个人打开更广阔的职业前景，同时也是他们获得更多机会和资源的重要筹码。因此，随着全球化的不断深入，外语教学的地位也在不断上升，其重要性已经不容忽视。

以上是对中国外语教学历程的简要分析，旨在了解我国中小学外语的发展背景。

第二章　中小学外语课程的理论基础

第一节　语言学基础

一、行为—结构主义语言学与中小学外语课程

美国的结构主义在语言学界深具影响力，特别是莱昂纳德·布龙菲尔德（Leonard Bloomfield）为这一领域带来了突破性的改变。《语言论》一经发布，立刻在语言学界激起了一场革命性的思潮，其在极大程度上改变了人们对于语言研究的理解和方式。结构主义在语言学研究中的应用着重于研究话语的形式特征，专注于探索语音结构及结构组合的各种特征和规律。这种理论认为，语言学的目标就在于解读收集到的各种语言样本，以深入揭示其内在的规律和结构。它主张语言研究应该超越简单的意义诠释，深入话语的形式特征中去。

布龙菲尔德将行为主义的理念融入了结构主义语言学之中，创立了行为—结构主义语言学。结构主义语言学强调，语言实质上是一系列已经习得的习惯反应的集合。这种看法强调了语言习得过程中习惯性反应的重要性。在社会交际中，许多常规的行为应尽量转变为自然反应，这样才能流利地使用外语。而要达到这种水平，就需要花费大量时间进行外语练习。伯尔赫斯·弗雷德里克·斯金纳（Burrhus Frederic Skinner）认为，语言学习就是一个通过强化过程获取语言行为的过程。无论是听力和阅读（接受活动），还是口语和写作（表达活动），都需要区分并掌握

大量的语言差异。[①] 这些语言差异可以通过适当的表达和强化训练传授给学生。语言学习可以被看作一个刺激—反应的过程，语言学习也是一个重复操练的过程。就像老鼠学会按动杠杆获取食物一样，人类学习使用语言来满足需求的过程与其在本质上是相同的。也就是说，通过不断的实践和强化，学生可以逐渐掌握语言技能，并最终达到自然、流利的水平。

行为—结构主义语言学给出的新理解是，语言主要用于交流而非书写；真正的语言应体现在母语使用者的常态交流中，而非他人对他们表达方式的设想；语言会构成一系列行为习惯，教学的目标是让学生习得语言本身，而非关于语言的知识。这些理念开辟了外语教学新的视角，也孕育了著名的"听说法"。"听说法"在结构主义语言学的教学模式中有着广泛且深远的影响。其主要特征包括：分步骤教授听、说、读、写四项语言技能，并优先发展口语能力；以对话的形式展示新的语言知识；教学中会着重使用一些特定的训练方法，如模仿、记忆强化、句型练习等；并借助语言实验室来大规模地实施实践学习。因此，中小学外语教学需要为学生提供丰富的实践机会，让他们在实际操作中掌握语言并形成语言习惯。"听说领先"原则正是源于此，对于处于语言学习初级阶段的学生，必须接收大量的语言输入，而听力就是最主要的输入形式。只有给予学生足够多的外语听力机会，他们才可能在此基础上逐渐试验用外语表达思想，最终达到自由应用语言的目标。

二、转换生成语法与中小学外语课程

在 20 世纪的语言学理论发展中，行为结构主义的兴起无疑照亮了理论探索的一片新天地。然而，这一理论的盛行还未维持太长时间，便遭到了乔姆斯基的激烈反对。艾弗拉姆·诺姆·乔姆斯基（Avram Noam Chomsky）是一位不可忽视的语言学巨人，他对行为结构主义的挑战本

---

① 王淑杰.当代国际小学外语课程发展研究 [M].广州：中山大学出版社，2009：52.

质上是其对语言学习过程的深度思考。在乔姆斯基看来，语言的习得并非能简单地通过刺激与反应来实现，它涉及的是认知领域的一种主观能动性的发挥。因此，他提出了"语言能力"这一新的理论概念，并将其定义为"知识"，以此与行为结构主义的"行为"相区别。

乔姆斯基的思想，引领了语言学研究的新方向，他将这个领域称为"语言的生成性"①。在这个领域里，语言不再只是一种刺激与反应的结果，而是认知的产物。语法不再仅仅是描述句子的一种工具，而是生成句子的一种机制。语言学习不再只是模仿和记忆的过程，而是知识获取和使用的过程。这一理论改变了人们对语言、对语法、对语言学习的认识。它以知识为核心，将语言看作认知的产物，将语法看作规则的体现，将语言学习看作认知的过程。这一理论不仅对语言学产生了深远影响，也对心理学、认知科学、教育学等相关领域产生了重要影响。

语言教学领域的教师都了解，句子结构具有可变性，它可以从主动句变为被动句，从直接引语转化为间接引语，从肯定句变为否定句或疑问句，等等。然而，行为—结构主义语言学在解释单一句子的问题上有其独到之处，却在阐述句子间的相互关系时显得力不从心。而乔姆斯基则在此之上引进了转换因子的概念，对此类问题提供了一种全新的理论解释。乔姆斯基断言，语言结构规则与转换规则都是语言句法的必要构成部分。他强调，任何一个句子或短语，实际上都可以被视为某种转换的结果。在这一框架下，语言不再是静态的，而是充满了变化和活力。②乔姆斯基的理论更进一步探讨了"理想的语言使用者"是如何运用转换生成规则来表达和理解的问题。为了阐述这个过程，他提出了"能力"和"行为"两个概念。"语言行为"是指语言的使用或运用，它包含了各种变化形式，即使是不符合规则、不连贯，甚至语言的错误使用，也在其涵盖范围内。这一概念强调了语言使用的多样性和复杂性，使人们认

---

① 赵登明. 我们从不习得母语[M]. 西安：西安交通大学出版社，2011：32.
② 王焕玲，张娜，韩涛. 语言学概论[M]. 长春：吉林大学出版社，2014：12.

识到语言使用的实践过程并不是简单的规则遵循，而是包含了各种复杂的情境和因素。"语言能力"则是指一个人从这些纷繁复杂的语言使用中提炼出的语言规则，并将其系统化的知识。这一概念让人们认识到，语言的学习并非只是模仿和记忆的过程，而是需要从实际使用中抽象和归纳出语言规则的过程。

　　乔姆斯基的理论，强调每个正常使用语言的个体都有一种根植于本能的能力，能够在语言的实际应用中，自动并无意识地提炼出规则。因此，语言学的重要任务是去研究这种"语言能力"，或者说，其重要任务是研究语言的知识，以及语言使用者掌握的那套隐藏在表层之下的规则体系。转换生成语法将语言视为一个"由规则控制"的系统。这些规则往往既复杂又抽象。语言学习的过程，便是一种掌握和内化这些语言规则的过程。乔姆斯基主张，语言学不应该关注语言使用者的实际话语，因为那仅仅是表面的现象，真正应该研究的是语言使用者的语言能力，即他们对什么是符合语法规则，什么是违反语法规则的理解。[①]乔姆斯基进一步指出，语言存在表层与深层结构之分。[②]这一观点使人们能够更好地理解和解释语言中的同构、异构和歧义现象，进而超越了行为—结构主义语言学的理论框架。转换生成语法注重研究语言的生成性，即如何使用一套数量有限的语法规则，来生成数量无限的句子。在这个过程中，语言使用者并不需要在脑海中预先存储大量的语句，他们只需要运用这些规则去创造和理解语句。虽然各种语言在表面上存在很多差异，但在深层结构上却有着许多相似之处。因此，语言学的研究重心应该放在寻找不同语言之间的共通性上，以揭示语言的共同规律和本质。这一理论不仅提供了一个新的视角来理解和研究语言，也为语言教学提供了新的理论支持和实践方向。

---

① 佐久间淳一. 这就是语言学 [M]. 范莉婷，程茜，译. 广州：广东经济出版社，2021：148.

② 王克千，欧力同. 现代西方哲学流派 [M]. 北京：中国青年出版社，1983：228.

三、交际教学法与中小学外语课程

行为—结构主义和转换生成语法理论无疑为语言学领域的理论研究作出了重要贡献，推动了这一学科的持续发展。然而，它们也存在一些相同的弱点：这两种理论过度关注对语言本身的研究，而忽视了学生、学习方法及学习环境等因素在语言教学中的作用。它们都预设了一个理想的学生状态，却未对学生的个体差异给予足够的关注。此外，这两种理论过于依赖分析法，对于语言学习方法的其他可能性则缺乏相应的研究和探索。针对这一点，戴尔·海姆斯（Dell Hymes）提出了"交际能力"的概念。交际能力的定义通常被认为是在真实交际环境中进行有效的语言交互的能力，即能够自然流畅地进行交流的能力。交际能力并不只是指掌握语言的形式规则，更包含了掌握语言在实际应用中的社会规则，也就是知道在何时、何地、对何人、以何种方式说何种内容。这就是交际教学法的精髓所在。

交际教学法的核心是一种基于社会语言学的语言观，即语言行为。该观点主张，语言的核心属性在于其社会交际性。在这种观念的指导下，语言教学目标不仅要使学生掌握语言能力，更为重要的是让他们获得交际能力。语言能力主要关注的是掌握句法规则，而交际能力则需要在此基础之上，进一步掌握语言使用中的社会与文化规则。语言能力可以被理解为语言使用的基本框架，其为有效的沟通提供了必要的工具。然而，如果只有语言能力而没有交际能力，那么语言的使用就会受限，无法在复杂多变的社会情境中进行有效的交流。

交际教学法的出现为中小学外语课程带来了新的教学理念：第一，交际教学法不仅把外语学习的目标放在了交际上，而且也把交际作为学习的起点和过程。简单地说，学生的学习动力是由他们进行交际的需求所驱动的。在这样的教学环境下，学生会更加主动地去学习外语。第二，交际是信息的交换和共享，而且它通常涉及信息差、选择性和反馈三个重要的方面。信息差指的是信息的不平衡，一方拥有另一方所不知道的信息。选择性则是指说话者可以自由选择他们要表达的内容与方式。而反馈则是指听者对于说话者的信息需要做出及时的响应。从这个意义上看，外语教学的目标就变得非常明确：那就是帮助学生获得并发展语言交际能力。不同于传统的重视语法和词汇的教学方式，交际教学法强调的是交际的实现，即使语法上有不准确之处，只要能够有效地传达信息，就达到了教学的目的。第三，交际教学法还特别强调学生的情感因素。相较于把学生当作被动的接受者，交际教学法更喜欢鼓励他们积极表达自己的观点，充分展现自己的个性和特长。这样不仅有助于学生在情感上认同所学的外语，同时也能够增强他们的交际信心。第四，在交际教学法的指导下，教师的角色也发生了转变。他们不再只是传统意义上的知识传授者，而变成了学生学习的促进者。他们需要充当课堂活动的组织者，同时要作为学生的顾问，指导他们如何更好地学习和使用外语。有时，他们甚至会成为学生的交际伙伴，和学生一同参与到交际活动中，让学生有更多的机会实践和使用外语。

四、语言经济学理论与中小学外语课程

语言经济学的研究对象是语言与经济的关系。它的出现并非偶然，而是以人力资本论和教育经济学理论为基础的。这两种理论赋予了语言新的经济属性和意义，即将语言本身看作一种资本，与物质资本并列。人力资本，即个体所拥有的知识和技能，其积累对社会经济发展有着深远影响。教育经济学从人力资本投资的角度来看待教育，认为教育不只是消费，还是一种具有经济效益的投资。语言经济学进一步扩展了这个观点，把语言特别是第二语言或外语的学习看作对人力资本生产的一种投资。具体来说，个人通过学习和外语训练，获得了外语知识，获得了理解外语信息的能力，这种能力其实是一种个人资本，能帮助他们在生

产或经营活动中获取新知识，学习新技术，开发新产品，拓展新市场，从而促进生产的发展，为社会和个人带来更大的经济效益。

这种理论视角带来的实际含义是，人们通过对外语教育的投资，不仅可以提高自身的技能和知识，还可以获得更大的经济收益。因此，外语教育的价值不应被低估，而应被看作一种能够带来经济效益的投资。然而，如何更有效地组织外语教育，以确保能够得到最大的回报，如何合理分配资源，利用有限的投入，培养出更多的高质量人才，成为外语教育领域需要解决的核心问题。一方面，外语教育的内容、方法和模式需要不断创新，以适应社会经济发展的需要；另一方面，教育资源的配置也需要科学合理，确保教育投入能够产生最大的效益。

当今社会，外语教育已经渗透到各个学习阶段，从幼儿园到大学，形成了一个多层次、多功能的复杂立体系统。这个系统内的各个元素相互作用、相互影响，共同推动整个系统的发展。优质的中小学外语教育，尤其是英语教育，能够推进基础外语教育的发展，使英语投资带来的经济效益得到最大化。系统论的引入，提供了一种全新的视角来看待外语教育，每一个元素都会对整个系统产生影响。例如，优质的教师队伍、先进的教学方法、科学的课程体系、合理的教育政策，这些都是推动外语教育系统发展的重要因素。它们之间相互作用、相互影响，共同构成了外语教育的有机体系。语言经济学理论的引入，为中小学英语教育带来了深刻启示。即应充分利用各种有效资源，尽可能地推进外语教育的发展。从学生角度分析，语言学习是一种对知识和技能的投资，学好英语不仅可以提高自身的竞争力，也能为将来的发展打下坚实基础。而从社会角度分析，提升中小学生的外语水平，可以为国家培养更多具备国际视野和跨文化交际能力的人才，进而推动国家经济和社会的发展。

第二节　教育学基础

一、自然教学论与中小学外语课程

捷克教育家扬·阿姆斯·夸美纽斯（Jan Amos Komenský）是教育史上极具影响力的思想家，其主张每个人都应受教育的理念，强调了教育的普遍性和平等性。他坚信，教育是人类生活的基本权利，无论性别、年龄、种族或社会地位，每一个人都应有机会接受教育。[①]夸美纽斯对教育的独特见解对后世的教育思想产生了深远的影响。

夸美纽斯倡导的教学原则，主张教学要采用自然的、符合人的天性和发展规律的方法，他的观点具有以下几个特点：一，适时性。这意味着教学不仅要跟随学生生理和心理发展的节奏，还要考虑学生的兴趣和热情，以及社会和文化背景的变化。二，顺应性。教学要顺应学生的特点。这就需要教师充分了解学生的性格、兴趣和才能，并进行个性化教学，让学生在最适合自己的环境中学习。三，循序渐进。在教学过程中必须注重知识的层次，使学生逐步掌握并深化理解。四，由易至难。这是指教学内容的难易程度应根据学生的认知能力来逐步提高，以保证学生能学习顺利。五，自主性。自主性要求教师在教学中采用启发式的教学方法，让学生自主学习，以达到教学目标。

夸美纽斯认为语言只是一种获取知识和传递学识的工具，因此并无必要学习所有语言。教育的重点应是在必要的程度上教授必要的语言，如母语、邻国语言和作为学术语的拉丁语。夸美纽斯强调，语言教学不能脱离实物进行，而应与实物教学相结合，以便学生能更好地理解和表达事物的含义。他提出，事物是有其存在规则的，学生的认知过程也应

---

① 黄崴. 主体性教育论 [M]. 贵阳：贵州人民出版社，1997：140.

遵循这些规则。通过有规律的实物教学，学生能更全面地理解和掌握语言。夸美纽斯还认为教材应与学生的年龄阶段相对应。他设想根据幼年、少年、青年和壮年的不同阶段，采用"初阶书""入门书""升堂书"和"聚珍书"四类教科书。这些教科书根据各个年龄阶段的认知能力，调节单词的数量和文章的长度，以适应学生的学习需求。[①]

自然教学论为中小学外语课程提供了循序渐进的原则，因此需要依照学生的认知发展顺序来设计教学。例如，使用实物教学可以有效地帮助学生理解语言知识和相关概念，这种自然输入的方式有助于知识的深入理解。世界各地小学的外语课程开设起点并不统一，不同起点的学生则需要不同的教学内容和方法。这对教育工作者提出了新的挑战，他们需要在教学实践中探索最适合学生的教学策略。夸美纽斯对教材的看法为中小学外语教科书的设计提供了借鉴。

二、有意义学习论与中小学外语课程

戴维·保罗·奥苏贝尔（David Pawl Ausubel）的有意义学习理论为教育领域提出了一种新的学习观点。奥苏贝尔的理论强调了教学过程中先行组织者的作用，即教师在此过程中的领导作用，指导学生如何用已有的知识来吸收新知识。他认为，学生通过这种方式将新的信息和知识纳入自己的认知结构中，使之成为他们自己的知识。[②]奥苏贝尔的观点正确地指出了学习过程的本质，即学习是一种主动的探索过程，而非被动的接受过程。所谓的有意义学习是对于机械学习而言的。机械学习，或者说死记硬背，无法与学生的原有认知结构建立联系，只是一些孤立的、凌乱的信息，难以进行提取并使用。而有意义学习的实质是，新的信息与学生的原有认知结构建立内在联系，成为学生认知结构的有机组成部分，从而真正成为学生自己的知识。

---

① 钟启泉. 现代课程论 [M]. 上海：上海教育出版社，2006：63.
② 陈栩. 一种重要的幼儿成长方式：创意学习 [M]. 南京：南京师范大学出版社，2021：26.

外语学习是一个特别容易陷入机械学习的领域，一些教学方法甚至将机械的句型操练视为语言学习的法宝。然而，这与奥苏贝尔的有意义学习理论南辕北辙。如果仅仅是机械地重复句型，没有在学生的认知结构中建立起新信息的内在联系，那么这种学习方式就无法让学生真正理解和掌握这种语言。反之，如果教师能够通过有效的教学技巧，引导学生运用其已有的知识来理解和学习新的句型，那么这种学习方式就可以称为有意义的学习。

在中小学外语教学中，如何从机械学习转向有意义学习，是一个有难度但必须解决的问题。其原因在于，只有那些对学生来说有意义的知识，才能真正被学生吸收并融入其认知结构中。在实际教学过程中，教与学不能被画上等号。一味地强加"知识"和"客观真理"，而忽视学生的知识背景、兴趣情感、现实处境等主观因素，这样的教学方法是不会得到预期效果的。相反，这可能会导致学生对知识的理解和掌握水平停滞不前。对于中小学外语教学而言，学生已经通过母语学习获取了许多关于语言的形式和功能的知识，包括如何学习语言。如果教师忽视这些因素，只是一味地讲授语法、词汇和语义等语言知识，往往会收效甚微。

对此，奥苏贝尔的有意义学习理论提供了一种可能的解决方案，即让学习活动不再是纯粹的形式练习，而是以有意义的交际为目的。在这个理论的指导下，教师应为学生提供真正有意义的任务，以此来激发学生的学习兴趣，促使他们更深入地理解和掌握新的知识。真正有意义的任务应具备两个特点。第一个特点是任务本身应具有明确的、具体的目标。也就是说，教师交给学生的语言交际任务本身要有实际的意义，使学生的学习活动不再是形式化的练习，而是具有实际目标的活动。这样的任务可以让学生更好地理解新知识，同时也能更好地将新知识与旧知识相联系，使其成为学生认知结构的有机组成部分。第二个特点是任务的设计需要对学生有意义。这意味着任务的设计应与学生现在或未来生活中可能遇到的实际问题相关。这样的任务设定，旨在从学生的需求出发，激发他们的内在动机，从而促进有意义学习的产生。这种教学策略不仅使学生的学习活动具有了实际意义，而且还有助于提高学生的学习动力和学习效果。教师在设计任务时，应尽可能地提供与学生生活经验相符的情境，以激发学生的兴趣和动力，同时也有利于学生更好地将新知识与旧知识相联系。此外，教师应尽量充分利用学生已有的知识，而不是一味地强调新知识的讲解。在教学过程中，教师应尽量调动学生的主动性，引导他们利用已有的知识去理解新知识，从而实现知识的有意义学习。

在中小学外语教学的过程中，学生之间的互动和合作也至关重要。完成交际任务的过程中，学生之间需要进行交流、讨论和意见综合，这些活动不仅帮助学生对语言有更深层次的理解，还大大丰富了他们的语言实践。另外，这种合作与互动的过程充满了大量的语言输入与输出，每个参与者都将接触到各种不熟悉但可以理解的表达方式。他们会发现，同样的意思可以用不同的语言形式来表达。这种发现过程不仅提升了学生的语言理解和表达能力，也能帮助他们发现自己的不足，找到未来学习的方向。

三、发展课程论与中小学外语课程

赞可夫（Занков Леонид Владимирович）是苏联著名的心理学家和教育家，他在多年的课程与教学改革中，提出了发展课程论。[①] 这种理论认为，课程与教学的目标应当是最大程度地推动学生的全面发展，而非仅仅是让他们掌握现成的知识。在传统的课程与教学中，重点往往放在了让学生掌握已经存在的知识上，而忽视了他们智力的发展。这种方式可能导致学生的学习效率低下，学习效果不理想，甚至有可能影响到整

---

① 全国比较教育研究会. 国际教育纵横：中国比较教育文选 [M]. 北京：人民教育出版社，1994：353.

体的人才培养质量。随着现代社会的快速发展和巨大变革，人们对于学校教育出来的人才的需求也在不断提升。这就需要学校的课程与教学适应这些新的需求，改变以前偏重知识和技能传授的单一目标，让学生的全面发展成为课程与教学的新目标。

在课程与教学理论中，发展课程论的一个重要观点是要遵循高难度、高速度的原则。高难度原则强调，课程与教学要建立在学生最近发展区的基础上，给予学生一定难度的教材。在克服困难的过程中，学生会主动地、灵活地应用所学的知识，从而促进他们的全面发展。这并不意味着课程的难度越大越好，而是要有一定的限度，要让学生能经过努力去达成。在这个过程中，教师需要根据学生的学习情况，适时地提供指导和帮助，以确保学生能够在挑战中得到成长。高速度原则主张课程与教学应该保持一定的进度，减少重复，让学生能够在规定的时间内掌握更多领域的知识。这种方式可以通过知识的广度来追求知识的深度，使课程与教学的难度、范围和速度与学生的实际学习能力相匹配。教师需要精心设计课程，确保课程内容多样化，丰富学生的思维，为他们深入理解和掌握知识创造良好的条件。当然，这也需要有一定的限度，不能超出学生的认知发展能力范围，应该有利于学生牢固地掌握所学的知识。

发展课程论提出了一个重要的教学理念：课程和教学的目的是让学生理解学习的过程。这不仅涉及知识的获取，更重要的是学会学习，学会如何自主参与到知识的创造与发展中。在教学环节中，教师的重要职责就是激发学生的学习积极性，合理评估学生的语言学习能力与语言接受程度，同时将语言教学与学生的日常生活实际紧密结合，使学生在理解和使用新语言的过程中更富活力、更具参与感和独立性。

发展课程论还强调了教学过程中对每个学生身心发展的关注，教育不仅仅是知识的灌输，更多的是对个体成长和发展的关怀。希望学生通过自身的努力，提升自身的身心发展水平。对于外语教学，这一理论同样适用。任何教学环节都可能会出现学习进度较慢的学生，对这部分学生的关注和引导更为重要。中小学外语教学中必须考虑到学生的个体差异，因材施教，不能期望所有学生都能够接受同样的知识，完成同样的任务。教师需要在课堂上创造一个鼓励学生积极参与的氛围，以此来激发学生的学习热情，使学生积极主动地参与到知识的创造和发展过程中。在评估学生的语言学习能力和接受程度时，教师需要做出正确的判断，不仅要看到学生的优点，也要关注他们的不足，以便为他们提供更适合他们的学习方式和教学内容。不仅如此，在中小学外语教学中，教师应将教学与学生的生活经验相结合，使学生能够在生活中实践所学的知识，这样既能提高学生的学习兴趣，也有利于提高他们的实际运用能力。同样，教师也应注重培养学生的积极性、参与性和独立活动能力，使他们能够在学习过程中积极主动地思考，独立解决问题。

四、最近发展区理论与中小学外语课程

心理学家维果茨基的观点揭示了儿童心理发展的内在动态过程。他主张，儿童的心理发展源于儿童与环境的互动，这一过程在活动中得以实现。他进一步提出，在儿童身心发展过程中，教育扮演着主导角色，然而，教育的影响并非自发产生，而是依赖儿童在教育活动中的积极参与。[①]

维果茨基独特的贡献在于他提出了"最近发展区"这一概念，这个概念是在深入研究和承认先前研究成果的基础上产生的。维果茨基将儿童的心理发展分为两个层次。第一个层次是已经完成的发展水平，这一水平包括儿童已经独立且熟练地完成的任务，这些任务一般是由成人指定的。第二个层次是尚未完成的发展水平，这一层次包含儿童无法独立完成的任务，即使这些任务也是由成人指定的。两个层次之间的间隙，即是维果茨基所说的"最近发展区"。这个"最近发展区"揭示了正在

---

① 朱秀芳，沈坚，吴玉芝. 小学儿童教育心理学 [M]. 北京：人民教育出版社，1986：23.

形成和成熟过程中的心理发展要素。这些要素并未完全发展成熟，儿童不能独立完成相关的任务。然而，当有成人的指导和启发时，儿童却可以完成这些任务。这一过程不仅有助于儿童完成特定的任务，也有助于提高儿童的心理发展水平。

最近发展区理论为小学外语教学带来了深刻的启示，它强调教学设计应领先于学生的发展，而教师的职责在于准确了解学生的认知能力和现有的外语水平。在教学过程中，学生应通过积极主动的活动和交往将最近发展区转化为现有的发展水平，并以此来提升他们的心理发展水平。然而，传统外语教学模式下，教师往往低估了学生的语言潜力，过于担心语言输入过多、句子使用过长或生词出现会影响学生的理解。

在最近发展区理论的引导下，教师首先需要正确地把握学生的水平，为他们安排那些略高于他们现有水平和能力的教学任务。这样做可以激发学生的学习兴趣，同时也可以引导他们将新知识与已有知识结合起来，从而更好地吸收和掌握新知识。这种教学方式会要求教师做出一些改变。教师的首要任务是做好评估，以确保他们能准确地了解每一个学生的语言能力。这不仅包括学生的词汇和语法知识，还包括他们的语言使用能力，如听力理解和口语表达。此外，教师还需要设计一些略高于学生现有水平的教学任务，以激发他们的学习兴趣和挑战欲望。这些任务应当包含一些新的词汇和语法结构，而教师的角色就是帮助学生理解和掌握这些新知识，然后指导他们将新知识与已有知识结合起来。

五、多元智能理论与中小学外语课程

多元智能理论是由美国哈佛大学心理系教授霍华德·加德纳（Howard Gardner）提出的。这个理论强调了智能的多元性，并将其视为解决问题、学习和创新的工具，而不仅仅是语言和数学能力的体现。这一颠覆性的观念克服了传统观念中对智能的狭隘理解，丰富了人们对智能多样性和个性化的认识。在加德纳看来，智能不应仅仅被视为数学和语言技能，而是应包括多种多样的能力和特质。这八种智能分别为语言智能、节奏智能、数理智能、空间智能、动觉智能、自省智能、交流智能和自然观察智能。①

在多元智能理论中，智能被视为一种发展的、动态的能力，它既有先天的基础，也受到后天教育的塑造。理解这一观点可以推动教育者将关注点转向了解和培养学生的多元智能上。

每个人都有各自的先天智能倾向，这提供了个体发展的基础。通过观察和分析学生的智能倾向，教师可以寻找出适合学生的教育方向，并尽可能地激发他们的潜力。后天的教育则在于强化学生的优势智能，同时也要弥补他们的弱势智能。学校教育的主要任务就是设计和实施适合学生个体的教育策略，并最大限度地挖掘他们的潜能。需要注意的是，加德纳的多元智能理论本身也在不断地发展和变化，这反映出了人类对事物的认识是循序渐进的，也体现出了研究工作的科学性和严肃性。

在中小学外语教学中，教师应该广泛运用情景表演和模拟的教学方法。通过语言对话和模仿，学生可以提高他们的语言运用能力。这种教学方法符合科学规律，可以有效鼓励学生积极参与，提高他们的语言技能，并帮助他们在实际语境中运用外语。与此同时，教师需要意识到，每个学生都有自己的优势智能和弱势智能。强化优势智能可以帮助学生更好地发展他们的潜力，弥补弱势智能则可以帮助他们在其他方面有所提高。教师需要为每个学生设计适合他们的教育策略，使他们能够充分发展自己的多元智能。

多元智能理论对中小学外语教学的实践价值主要体现在以下几个方面。

其一，对于人类多种智能的理解可以提升外语教学效果评价方式的多元性。学生的学习动力、积极性、学习成绩、智能发展状况，以及团队精神的培养等诸多因素都可用于衡量教学成果。这种多角度的评估方

① 俞文钊.创造心理学[M].上海：同济大学出版社，2020：35.

式符合全面发展学生素质的核心理念。而且，学习外语不仅能提升学生的语言智能，还有利于其他类型智能的协同发展，可以形成良性互动。

其二，多元智能理论强调各智能类型之间可以相互促进，这给中小学外语教学带来了新的启示。语言智能虽然与其他智能类型存在独立性，但在发展过程中，它们又具有相互关联性。其他智能的提升，能有效引导学生的语言智能的提升。例如，若学生的语言智能相对较弱，可以利用视觉、肢体、音乐、逻辑数学、符号、色彩、文字等多元化的表达方式来辅助英语学习，使外语教学获得更为丰富的选择空间，也使教师能更加灵活地选择适合的教学方法。

其三，不同智能类型的学生学习外语的方式可能会有所差异，这也为中小学教学方法的多元化提供了理论支持。每种智能类型的学生都有自己独特的学习方式、学习习惯，对学习内容的敏感度也不尽相同。因此，教师在教学过程中，需要对班级成员的智能差异和构成进行分析，以便确定最适合的教学方式，以减少这种差异对学习效果产生的影响。这就需要教师能够灵活运用多种教学方式和手段来使教学方式与每位学生的智能类型和智能发展水平相匹配。

其四，在外语教学过程中，应用多元智能理论有助于制定针对性的教学策略，充分激发学生的潜在能力，提高学习效果。多元智能理论提醒教师，每个学生都是一个潜在的天才，他们的智能没有高低之分，只是呈现的形式不同。这种认识改变了人们对智能的理解和评价，更加注重学生的全面发展，注重激发他们的兴趣和潜能。将多元智能理论从理论层面引入实际教学过程，会带来深远的影响。教师应从中汲取启示，精心设计教学活动，培养学生的多元智能。这样的教育，才更能满足每个学生的需求，才更有助于他们的全面发展。

第三节　心理学基础

一、发展心理学与中小学外语课程

教育是一个复杂的过程，其不仅涉及学术知识的传授，还涉及心理发展的引导。对于儿童的心理发展来说，遗传素质是其生理前提，遗传素质为心理发展提供的是一种预设倾向，但是在没有适当的环境和教育刺激的情况下，这种倾向可能无法完全实现。心理学家维果斯基提出的"最近发展区"概念可以很好地阐明教育是如何促进心理发展的。"最近发展区"是指在有指导的情况下，通过成人的帮助，儿童能达到的解决问题的水平与他们在独立活动中所能达到的水平之间的差距。这个差距实际上就是教育引发的发展，被称为"人为的发展"。如果处理得不当，教育可能在一定程度上抑制心理发展。此外，教育的差异对发展的影响往往大于遗传的差异。这就强调了教育的质量和方法对心理发展的重要性。

教育的影响力是多元化的，而教育效果的体现并不仅仅取决于教学的内容和方法，而是与学生的心理发展阶段密切相关的。研究表明，教育启发在不同的心理发展阶段产生的影响并非一致，而是在某些特定时期具有更为显著的效果。这种特定时期通常是心理快速发展阶段出现之前的一段时间，教育的启发和指导作用能够最大化地发挥出来。[①]因此，这个时期被称为教育引导和启发的黄金时期，是孩子最受教育影响的关键阶段。

教育应该紧密围绕学生的心理发展特点来进行，符合学生的认知发展规律，这样的教育方式对于学生的发展来说，既具有适度的挑战性，又能够有效提升教育的效果。更重要的是，这种符合心理发展特点的教

---

① 徐建成．教师教育心理学 [M]．江苏凤凰教育出版社，2018：145.

育能够帮助推动学生的认知发展。选择最恰当的时间，采用最适合的教育内容和方式，将极大地推动学生的心理发展，充分显示出教育的影响力和价值。

以此为依据，中小学的外语课程设计应当以发展心理学为基础，以学生语言发展的最佳时期为起点，实施外语教学。中小学的外语教学需要掌握学生的认知发展规律。唯有如此，教学过程才能收到良好的效果。

二、行为主义心理学与中小学外语课程

在行为主义学习理论中，比较有代表性的是爱德华·李·桑代克（Edward Lee Thorndike）、斯伯尔赫斯·弗雷德里克·斯金纳（Burrhus Frederic Skinner）、阿尔伯特·班杜拉（Albert Bandura）等的观点。

爱德华·李·桑代克提出了"试误论"，认为学习是刺激和反应之间建立联系的过程，而这个联系是通过不断试错得以建立的，直至形成牢固的刺激反应联系。[1]斯金纳则提出了"操作学习论"，主张学习的实质是操作性条件反射，人会积极主动地对环境进行探索，先有反应，然后了解结果，并根据结果调整行为，强化则是形成操作性条件反射的重要手段。[2]阿尔伯特·班杜拉提出了"社会学习论"，认为行为、个体和环境构成一个互相影响的系统，在社会情境下，人们可以通过观察他人的行为快速学习。是否将学到的内容表现出来取决于观察者对行为结果的预期。[3]此外，他引入了"自我效能"的概念，即从成功的经验中衍生出的能力信念，它会影响人们对任务的选择、在困难面前的坚持及付出的努力程度。

---

① 黄宇星. 现代教育技术学 [M]. 福州：福建教育出版社，2007：17.

② 戈尔茨坦. 认知心理学：心智、研究与生活 [M]. 张明，译. 北京：中国轻工业出版社，2020：12-13.

③ 切卡莱丽，怀特. 心理学最佳入门 [M]. 周仁来，译. 北京：中国纺织出版社，2021：195.

在中小学的外语教学环境中，教师的角色尤为重要。他们必须善于挖掘并利用那些有利于外语学习的强化手段，如对学生反应的及时强化，这样可以让学生明白学习的结果。例如，当学生成功完成某个学习任务时，给予他们奖励和鼓励可以有效激发他们的学习积极性。同时，当学生在学习过程中出错时，教师应给予及时而恰当的反馈，帮助他们理解错误，从而调整并改正行为。这一系列行为都受到了行为主义学派的影响。教师也应对那些积极参与课堂学习讨论的学生进行表扬和鼓励，以鼓励他们更积极地参与学习。对学生的作业，教师需要亲自批改并写上评语，这样才可以直接反映出学生的学习情况，也可以为他们提供进一步的指导和鼓励。此外，教材的编写应由浅入深，使学生可以按照自己的节奏逐步深入学习，这样可以使他们在学习中体验到快乐和满足。

三、认知心理学与中小学外语课程

认知学派由众多的心理学家发展而成。此处仅就让·皮亚杰（Jean Piaget）的认知发展论及杰罗姆·布鲁纳（Jerome Seymour Bruner）的发现学习论来探讨认知心理学为中小学外语课程提供的理论基础。

（一）皮亚杰的认知发展论与中小学外语课程

心理学家让·皮亚杰通过对儿童认知发展的长期研究，提出了著名的"建构论"和"认知图式理论"。皮亚杰的建构论和认知图式理论深化了人们对学习过程的理解，以及如何帮助儿童更有效地学习。他强调，学习并非简单的信息吸收，而是一个主体与客体相互作用的过程。在这个过程中，儿童主动探索他们的环境，形成对世界的理解，同时，他们的认知结构也会随之发展和改变。①皮亚杰的认知图式理论关注的是如何处理和组织知识。他认为，我们的知识并非孤立的事实和概念，而是通过认知图式（认知结构）进行组织的。这些认知图式是我们理解和解释

---

① 吕斌，李国秋．信息分析新论 [M]．北京：世界图书出版公司，2018：104．

世界的基础，也是我们处理新信息和解决问题的工具。这些图式随着我们与环境的互动不断发展和改变，呈现出动态的、发展的特点。[①]儿童认知发展的过程是通过三个基本过程来完成的：同化、顺化和平衡。同化是指个体将新的信息吸收并结合到已有的认知结构中，如果新信息符合已有的认知结构，就会被整合进来。顺化则是在环境发生变化，原有的认知结构无法处理新的信息时，个体会主动调整和改变自己的认知结构，以适应新的环境。同化和顺化是相伴而行的，它们共同推动了个体认知结构的发展和改变。当儿童能够用现有的认知结构处理新的信息时，他们就处于一种平衡状态，而当现有的认知结构无法处理新的信息时，他们需要通过顺化的过程，调整和改变自己的认知结构，以达到新的平衡。

皮亚杰的理论对中小学外语教学的意义是重大的，可以从多个方面体现出来。

第一，皮亚杰强调语言学习应是学生积极建构语言输入和任务的个人意义的过程，而非被动接受知识的过程。在这一过程中，学生需要对新的语言信息进行同化，即把新信息结合到原有的认知结构中。学生的认知图式在不断地扩展和完善，以形成更丰富、更深入的语言认知。教师的角色应是创造条件、帮助和促进这一建构过程的促进者，引导学生发现问题、分析问题，进而解决问题。

第二，皮亚杰的理论强调了思维发展与语言和经验的关系，认为主要依赖记忆的语言学习不能产生深刻的思维。因此，课程和教材的设计与选择都应与学生的生活相适应，让学生在语言学习中体验生活，在生活中去学习语言，使学生的思维得到发展。在这个过程中，学生会在真实的情境中学习和运用语言，从而增强他们的语言能力和思维能力。

第三，皮亚杰的理论强调了学习任务的设计应切合学生的认知水平。过高的任务会给学生带来压力，以至于达不到预期的学习效果；过低的

---

① 周小舟.基于认知的大数据可视化[M].南京：东南大学出版社，2020：41.

任务则不能激发学生的学习兴趣，也不能给学生提供进步的经验。因此，教师在设计学习任务时，需要充分考虑学生的认知水平，通过设置适宜的任务难度，以引导学生进行有效的学习。

第四，皮亚杰的理论指出，对于学生所犯的语言错误，教师应多观察，帮助其分析造成错误的原因，而不是一味地纠正错误。这样做有助于学生了解自己的错误，明白为什么会犯这样的错误，以及如何避免犯这样的错误。在这个过程中，学生的认知图式得到了修正和重组，他们的语言能力和思维能力也得到了发展。

（二）布鲁纳的发现学习论与小学外语课程

杰罗姆·布鲁纳将儿童的思维形式分为三种：行动的、图形的和符号的，这三者代表了儿童理解和表达经验的基本方式。行动的思维形式是在儿童幼年时期形成的，他们通过直接与环境互动来理解世界。随着年龄的增长，儿童开始发展出图形的思维形式，即他们开始通过可视化和图像化的方式来理解和表达经验。而符号的思维形式是儿童在学习读写和数学等抽象概念时发展出来的。他们开始理解和使用符号、文字、数字来表达自己的经验和思想。虽然这三种思维形式是依次发展的，但它们并不能互相取代，而是交叉并存的。每个人都在连续不断地使用这三种表征系统，将表现出至少三种明显不同的方式来表达学习经验和思维。在中小学外语教学设计中，如果能够充分理解并运用这三种思维形式，就能够更有效地促进学生的认知发展。

从本质上来看，布鲁纳的"发现法"强调的是认知主体的积极参与。

第一，强调了学习过程。布鲁纳认为，学生不应只是被动地记忆教师传授和教科书中记载的内容，而是要积极参与到建立学科知识体系的过程中，成为知识的探究者。[①]

第二，重视直觉思维。布鲁纳主张，与分析思维不同，直觉思维并

---

① 刘启珍，彭恋婷. 学与教的心理学 原理与应用 [M]. 武汉：华中科技大学出版社，2021：87.

不遵循固定步骤，而是通过跃进、越级和走捷径等方式进行。它对科学发现活动至关重要，且本质上是影像或图像性的[①]，因此，在学生的探究活动中，教师应帮助他们形成丰富的想象。

第三，强调学习的内在动机。布鲁纳认为，相比于把外部动机转化为内部动机，更重要的是培养学生的内部动机。而非让学生把同学之间的竞争作为主要动机，更好的方式是让学生挑战自己的能力，形成求得才能的驱动力。[②]

第四，关注信息的提取。布鲁纳认为，人类记忆的首要问题并不是储存，而是如何提取信息，而提取的关键在于信息的组织方式。[③]通过一个单词学习实验，他揭示了积极参与和信息的组织方式对记忆提取的影响。实验结果表明，那些通过造句记忆单词的学生，他们的单词提取量明显高于被告知要记住单词的学生。这是因为，亲自参与发现事物活动的学生，会对信息进行某种方式的组织，这有助于记忆的提取。

发现学习给中小学外语教学带来的启示有以下几点内容。

第一，在语言学习过程中，学生不再是被动的知识接收者，而是积极的思考者和探索者，他们在知识获取的过程中发挥主动作用。教师的角色也相应地发生了变化，不再是简单地传授知识，而是成为引导学生探索知识的指导者，他们创造出了有助于学生独立探究的环境和情境。

第二，在语言学习过程中，学生的积极参与是一个重要的元素。通过对语言的实际使用，学生能感受到语言规则系统的存在，从而发现、归纳、掌握并内化这些规则。许多这样的认知过程往往是在学生潜意识中进行的，他们在日常的实践中，就逐渐理解和掌握了语言的规则。

第三，以学生为中心，教师通过激发学生的学习兴趣和积极动机，让学生能够通过观察、分析和归纳等思维活动，自我发现规则和原理。

① 孔云 . 经典教学理论与课堂教学应用 [M]. 北京：海洋出版社，2018：33.
② 孔繁成 . 布鲁纳的教学原则 [M]. 太原：山西人民出版社，2019：67.
③ 孔繁成 . 布鲁纳的教学原则 [M]. 太原：山西人民出版社，2019：106.

这不仅使他们能在语言学习中得到进步，更培养了他们独立分析和解决问题的能力，为他们未来的学习和生活打下坚实的基础。

第四，语言的提取并不是单纯的学习，更重要的是语言的实际运用。因此，外语教学的核心应该是为学生创造更多的语言实际运用的机会和环境。让学生可以在真实的交际中学习和掌握语言，以避免机械式地学习，使他们真正能够将学到的知识运用到生活中。

四、人本主义心理学与中小学外语课程

人本主义学派也称情感学派，该学派强调认识并非来自外界事物的被动接收，而是主体内部结构的展现。这就意味着，每个人都拥有其独特的认知结构和解释世界的方式，教育的目标就是要激发和引导这些内在的结构，使其得以表达和发展。

该学派认为，学习不仅仅是知识的获取，更是个性、潜能和价值的自我表现和实现的过程。学生不再被看作空白的画板，等待教师在上面绘制知识，而是被看作一种具有无限可能性的个体，他们通过学习，发掘并发现自己的内在潜能，实现自我价值。而教学是一个行为制约过程，它的实质在于创设一个能产生预期结果的情境。教师的职责并不仅仅是传递知识，而是通过创设特定的环境和情境，来激发学生的内在动机，促使学生主动参与到学习过程中。这个环境应当具有操作性制约的作用和控制引导的作用，即它能够为学生提供一个既安全又宽松的学习环境，使学生能主动积极地参与教育过程。

人本主义心理学的关注焦点是人的本性、人的内在情感、智能、潜能、目的、爱好、兴趣和价值等人类经验的各个方面。这并不意味着其忽视了知识的重要性，而是为了提醒人们，知识的获取只是教育的一部分，更重要的是如何培养出自主、积极、全面发展的人。在思想渊源和哲学的基础上，这一学派深受西方人道主义传统和现代存在主义思潮的影响。这些思潮强调人的独特性，个体的价值和自由意志的重要性。这

与人本主义学派的观点相契合，他们共同提醒人们，教育的核心是人，是个体，而不仅仅是知识的传递和技能的训练。

人本主义学派的两位重要代表为马斯洛（Maslow）和罗杰斯（Rogers），他们的理论探讨了人性动机的不同层次和自我实现的过程，强调了人的潜能和价值的发挥，进而推动了关于教育和学习等新理论的发展。

马斯洛的人性动机理论，从一种全新的角度解读了人类行为的原动力。他将人的需求分成五个层次，从基础的生理需求到最高层次的自我实现需求。这个理论向人们揭示了，人的行为受到其不同层次需求的驱使，而满足这些需求是推动行为的关键。在这个框架下，自我实现的需求被看作人的最高追求，它涉及个人潜能的充分发挥和个体价值的实现。这种自我实现不仅仅是个体的成就，更有着超越自我的社会价值，它能推动个体创新、挑战自我、提升社会价值，从而达到人的全面发展。罗杰斯的理论进一步强调了每个人都有自我实现的潜力和趋势，这种潜力和趋势与个体的环境有着密切的关系。他认为，个体的潜能和价值受到社会环境的影响，环境既可以限制潜能的发展，也可以促进潜能的发展。[①]这种观点突出了内因与外因的关系，强调了潜能作为主导因素的重要性，也明确了环境在潜能发展中的作用。个体的潜能发挥与社会价值的实现并无矛盾，相反，潜能的发挥能够产生高度的社会价值。

人本主义理论是教育理论中的一个重要部分，它强调人的价值和尊严，主张人应成为自己生活的主体。在中小学外语教学中，应用人本主义理论，可以提供许多具有启示性的教学方法和策略。

第一，人本主义理论将学生置于教育的主体地位，这对于中小学的外语教学有着深远的影响。学生的认知、情感、兴趣、动机和潜能都被提升为重要的考量因素，以此来尊重每个学生的独立人格，保护学生的

---

① 边玉芳，周丹．罗森塔尔人际关系思想解析 [M]．北京：人民教育出版社，2019：234.

自尊心，并帮助他们充分挖掘自身潜能、发展个性和实现自身价值。在这样的理论指导下，教师的角色也发生了变化：成为指导者而非传统意义上的教授者。他们的工作是激发学生的学习动机，充分发挥学生学习的主观能动性，以达到最佳的学习效果。

第二，人本主义理论强调认知和情感的结合。教学过程不仅仅是对知识的传授，也包括对学生多元智能的培养和发展。在教学评价上，应关注学生的全面发展，而非仅仅关注学生的学习成绩，应鼓励和培养学生对学习的热爱和兴趣，这样可以帮助他们形成积极的学习情绪和态度。

第三，人本主义理论注重个性化的自我评价。在中小学外语教学中，学生被视为独立自主的个体，他们的发展和成长不应仅与他人相比，而应以他们自己为标准，看他们是否比以前有进步。同时，教学内容和评价方式也需要适应学生的个体差异，以提供客观公正的评价，帮助学生正确地认识自己的学习情况，并掌握正确的自我评价方法，以提高他们的学习自主性。

第四，人本主义理论强调情感化的师生关系。教师在教学过程中应满足学生得到他人关爱的需求，教师的真诚感情、对学生的信任、理解、对学生身心健康的关心、情感的尊重，以及对学生优点的欣赏赞扬，都可以帮助彼此建立和谐融洽的师生关系，以此来满足学生的情感需求，从而促进学生自发、愉快、积极地学习，同时也有利于学生想象力和创造力的充分发挥。

五、建构主义心理学与中小学外语课程

建构主义理论认为，知识并非简单地由教师传授，而是由学生在特定情境和社会文化背景下，依赖必要的学习材料，经过意义建构而获得的。外语学习是一个典型的情境化学习过程。在异国环境中，学生需要利用语言材料，通过理解和使用外语进行意义建构，从而获得知识。这种情境化的学习过程强调语境、情景和实际应用，有助于学生更好地理解和掌

握语言知识，同时也使学习过程更具趣味性和实效性。建构主义将学习环境中的主要要素分为四个，即"情境""协作""会话"和"意义建构"。

　　建构主义是一种强调学习过程中学生主动性的教学理论。这种理论对传统的"灌输式"教育方式提出了深刻的挑战，不再将学生看作被动的信息接收者，而是将其视为知识的积极建构者。建构主义的核心理念在于强调学生对知识的主动探索、主动发现和对所学知识意义的主动建构。这个观点认为，学生是信息加工的主体，不仅是接受知识的容器，也是知识的创造者和应用者。学生通过积极探索和实践，能对知识有更深入的理解，并能够建立个人的知识体系。这种学习理论认为，教师不仅要传递知识，更需要提供一个环境，让学生可以在其中积极地探索和构建知识。教师需要兼顾学生个体的认知主体作用与教师的主导作用。换句话说，教师应该充当指导者和引导者的角色，引导学生在原有的知识基础上增长新的知识，同时充分调动学生的学习积极性，激发学生的学习兴趣。

　　建构主义的知识观为传统的教育理论提供了一个全新的角度。在这种理论中，课本知识并非一成不变的事实，而是关于各种现象的较为可靠的假设。这意味着，科学知识不再被视为绝对正确的最终答案，而是对现实的一种更可能正确的解释。这种观点将知识从单一的真理提升为动态的、具有相对性的概念。在这样的观念下，教师、课本或科学家的权威，不再是知识的绝对保障。对个体来说，这些知识在被接受之前，是毫无权威可言的。这会使学生有权力和能力对知识进行分析、检验和批判。学生对知识的接受只能靠他自己的建构来完成，这需要他们以自己的经验、信念为背景来分析知识的合理性。这样的观念将极大地激发学生的主动性和创造性。他们不再仅仅是知识的接收者，而是成了知识的分析者和创造者。他们在接受新知识的同时，会对这些知识进行深入的理解、分析、检验和批判，使这些知识与他们的既有经验和信念相结合，形成他们自己的知识体系。

建构主义在现代认知论中的应用，表明外语学习并非只是简单地获取语言习惯，而是创造性地运用语言结构。这种理论对教学实践的影响极为深远，它提倡教师在教学过程中要充分发挥学生学习的自主性。在外语教学过程中，教师的任务不仅是帮助学生掌握外语知识、培养学生运用外语的能力，更为重要的是，教师应教授学生学习方法，培养他们的学习能力。教师需要引导学生去积极探索，鼓励他们在学习过程中发现和解决问题，帮助他们形成有效的学习策略，这样才能在掌握语言的同时，培养其解决问题和自我学习的能力。

建构主义还主张教师与学生、学生与学生之间进行丰富的多向互动，以及小组合作学习与学生间的交互学习。这种学习方式鼓励学生之间的相互合作，帮助他们学会从不同的角度来看待问题，增强他们的问题解决和团队协作能力。在这种学习模式下，教师的角色更像是学习过程中的组织者、指导者和帮助者，他们需要提供一个有利于学生互动学习的环境，来引导和帮助学生在学习过程中有效地解决问题。

第三章　中小学外语教学的基本模式

第一节　任务型教学模式

任务型外语教学法是一种以完成具体任务为学习动力，以完成任务的过程为学习过程，以展示任务成果的方式来体现学习成就的外语教学方法。它的核心思想是模拟学习者在生活中运用语言的各类活动，让外语教学与学生日常生活中的语言应用相结合。这种教学法与其他教学方法有所不同，它并不侧重语法或词汇的传授，而是把焦点放在实际的语言应用上，帮助学生在教学活动中参与和完成真实的生活任务。在这个过程中，学生运用所学的语言进行交际，他们的注意力主要集中在意义上，而不是语言形式上。这种"在做中学、在用中学"的方式，把语言学习与语言运用有机地结合起来，使学习更为实用，也更具吸引力。

任务型外语教学法的另一个重要特点是它的灵活性和多样性。任务可以有各种各样的形式，例如，角色扮演、小组讨论、项目研究、解决问题等，只要它们可以促进学生的语言实际运用，就可以被视为有效的任务。这种教学法鼓励学生通过参与各种各样的任务，去发挥他们的创造力和主动性，提高他们的语言实际运用能力。

关于任务的定义，学者的观点各不相同。但一般来说，任务都涉及语言的实际运用。任务型语言学习中的任务与真实生活中的任务有很多相似之处，根据其相似程度可分为"目标性任务"和"教育性任务"。

一、任务型教学的基本内容

（一）任务类型

任务类型主要有以下几种（见图 3-1）。

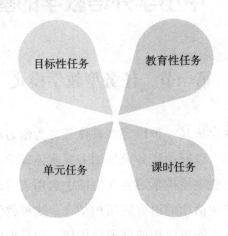

图 3-1　任务的类型

1. 目标性任务

目标性任务又称真实世界的任务，主要指学生在课堂外的生活、学习、工作中可能遇到的事情，如查看天气预报、预订机票等。这些任务会直接关系到学生的实际生活和需求，旨在让学生能够在实际环境中使用外语。这种任务类型强调语言的实际应用，从而让学生看到学习外语的实际价值和用途。

2. 教育性任务

教育性任务主要包括激活式任务和演练式任务。激活式任务主要是激发学生新学习的语言技能，如角色扮演、信息交换等。这些任务让学生在实践中运用新学的语言，激发他们的学习兴趣，提高他们的学习积极性。演练式任务则是让学生模仿真实生活中的任务，如在招聘网站上查询招聘信息并模仿求职过程等。在完成这些任务的过程中，学生从模仿性地运用语言逐步过渡到创造性地运用语言，从而习得语言。

3. 单元任务

单元任务是根据单元教学目标设计的一系列任务，它涵盖了单元功能话题及语言形式等内容。每个单元任务都可能具有激活式任务、演练式任务的特征，而任务之间又存在着相依性、涵盖性的特征。单元任务按照难易程度和复杂程度进行排列，形成由易到难、由简到繁、层层深入、由初级向高级、高级又涵盖初级的链式循环结构。

4. 课时任务

课时任务则是将单元教学目标分解为更具体的课时目标，并为每节课设计的一系列任务。任务之间同样存在着相依性、涵盖性的特征，相互形成了课时任务链。单元任务与课时任务的关系是，单元任务链中的每个单元任务分别是各节课时任务链中的高级任务，单元任务涵盖课时任务。

任务型外语教学法的基础是将课堂活动变为一系列的任务。每一个任务通过组织一连串的活动以完成，这些活动既具有任务的特点，也具有练习的特点。这些活动的结构可能包含多个步骤，其中一些步骤更像是任务，而另一些步骤则可能更接近练习。在任务型外语教学中，练习并不被排斥，相反，它是任务进行过程中的一个重要环节。练习是围绕语言项目进行的一系列活动，包括复习和巩固语言知识。这些活动以语言输出为目标，只关注语言的结果，也就是学生的语言运用能力。它们强调对语言的正确使用，为完成更大的任务提供必要的语言工具。在任务的完成过程中，学生以一个具体的目标为中心，分步骤进行活动。这些活动并不只关注语言的结果，而是有一个非语言的目标，例如，完成一个报告，进行一个演讲等。在这个过程中，语言只是工具，而不是目标，学生将在完成任务的过程中自然而然地使用和学习语言。

（二）任务型外语教学的特征

任务型外语教学主要具备以下几点特征（见图3-2）。

图 3-2　任务型外语教学的特征

1. 真实性与多样性

任务型外语教学强调教学内容的真实性，以及活动的多样性。具体而言，学习的语言材料应来自学生的真实生活，并贴近学生的生活实际。这有助于学生更好地理解和记忆新的语言材料，并能将其应用于实际情况。同时，教学活动应在类型和难度上具有多样性。在初始阶段，任务型教学可能会有模仿练习和问答练习等机械性和意义性的操练活动；而在中高级阶段，任务型教学更加注重运用性的练习活动，如采访、角色扮演、讨论和问题解决等。

2. 综合性

任务型外语教学不仅注重语言知识的学习，同时也强调交际能力的培养。在任务型外语教学中，学生需要掌握如何准确、流利地运用语言，并且能兼顾语言的表意功能和综合运用。因此，这种教学方法强调语法的学习，同时也指导学生如何运用语法进行有效的交际。学生在使用语言进行交际时，大脑中出现的不仅是单个的词和语法规则，还有语块，即预先组织好的短语和固定表达法。因此，在教学过程中需要强调语言的流利程度，以及语言的准确性。

3. 循序渐进的任务链

传统的外语教学环节虽然设有一系列活动，但它们之间的联系并不强烈，这在一定程度上限制了学生的学习效果。然而，任务型外语教学法提供了一种全新的视角和实践方式。任务型外语教学法的课堂布局是以任务为主线的。这些任务根据其难易程度进行排序，由易到难，使学生在一个接一个的任务中不断挑战自我，提高其语言运用能力。任务之间存在相互依赖的层次结构，这使每个任务的完成都为下一个任务的完成铺平了道路，增强了活动之间的连贯性和一体性。在这种教学方法中，每个任务都由一系列具有有机连接的活动组成，形成了完整的任务链。不仅如此，任务的排列和组织还呈现出由单一到综合，由输入到输出，由学习到生活，由初级到高级的发展规律，体现了"链式循环发展"的理念。即学生在完成一系列任务的过程中，不断地循环和反馈，从而实现知识的深化和技能的提高。

4. 师生角色的转变

在传统的外语教学场景下，教师通常居于主导地位，负责传授知识、进行指导和实施训练。但这种模式的局限性在于它容易让学生陷入被动学习的角色。任务型外语教学法的出现，弥补了这一缺陷，将课堂教学的焦点转向了学生，以激发其主动参与学习的积极性。而在任务型外语教学中，教师扮演的角色更像是一位引导者，他们的主要工作是设计任务，提供语言材料，组织安排活动。这种教学模式赋予了教师更多的可能性，让他们有机会和学生一起参与任务，共同学习，甚至有时会从学生那里学习新的知识。这样的教学模式打破了传统教学模式中教师和学生之间的层次关系，更强调平等的学习氛围和共享知识的价值。

在完成任务的过程中，不同的任务可能会有不同的结果或答案，有的甚至没有固定的答案，这种不确定性为教学增添了更多的探索性和创新性。因此，教师在任务型教学中，还要扮演评估者的角色，通过对任务结果的评估，帮助学生调整学习策略，提升学习效果。在任务型外语教学的课堂中，学生通常以个人或小组的形式参与到各项任务和活动中，这样的学习模式赋予了学生更大的自由度。他们被鼓励利用已经学过的任何语言，而不仅限于规定的语言，这无疑极大地拓宽了他们的学习空间，激发了他们的学习积极性。

5. 评价方式的转变

传统的教学评价模式往往集中在对学生学习结果的量化衡量上，如考试成绩。这种评价方式的主要目标是甄别和淘汰，而非真正关注学生的学习过程和能力发展。任务型外语教学的评价方式对此进行了重要的调整。

在任务型外语教学中，评价的焦点从结果转向了过程，从成绩转向了能力和发展。教师更注重学生在实际语言运用中的表现，而非仅仅关注语言知识的掌握程度。评价内容的维度从单一的语言知识扩展到了学生的实际语言能力和学习过程表现。参与评价的主体也发生了变化。在传统的评价模式中，教师是评价的唯一主体。而在任务型外语教学中，评价的主体变为了教师、学生、同学、家长乃至社会，构建了多元化的评价主体模式。在评价手段上，任务型外语教学注重多样性和灵活性，将测试性和非测试性、形成性和终结性相结合。在这种模式下，可以采用教师评价、家长评价、学生自我评价、学生互评等多种方式，充分考虑到了学生的个性差异和学习特点。在评价效果上，任务型外语教学的目标是通过评价激励学生主动学习，增强学生的自信心，培养他们的合作精神，而非单纯地通过评价进行甄别和淘汰。与传统评价模式下的"为分而学，为考而教"的倾向相比，任务型外语教学更注重学生的全面发展。

（三）任务型外语教学的意义

任务型外语教学最大的特点是在教学过程中，强调语言的输入与输出、语言的实际使用及最大化学习者学习的内在动机。这种教学方法的引入，对中小学外语教学具有重要意义。

任务型外语教学强调"用中学"，让学生在解决任务的过程中实践语言，使语言学习从理论走向实践，使学生在真实的语境中学习和使用语言。这样的教学方式避免了传统教学中过于关注语言的形式和结构，过于强调知识传授，而忽视语言的意义、功能、实践及语言与文化的关系等问题。任务型外语教学帮助学生理解语言不仅仅是语法规则的集合，更是人们生活中的沟通工具这一道理，从而使学生对语言学习有更深的理解和更高的热情。任务型外语教学鼓励学生参与双向或多向的语言交流活动。学生在活动中将目标语言作为交流工具，可以将在课堂中学到的知识应用到实际生活中，顺利进行语言交际。此外，这种交流活动还能够让学生看到自己的进步和取得的成绩，从而激发他们的学习兴趣，提高他们的自觉性和求知欲。

任务型外语教学还倡导培养学生积极主动参与、乐于合作的学习方式。在课堂交流中，每个学生都需要扮演一个角色，并与他人合作完成任务。这种教学方式有利于提高学生的综合素质，增强他们的策略意识，增强他们的责任感，并培养他们的合作精神。

二、中小学外语任务型教学的实施

要讨论任务型外语教学的实施，首先需要讨论外语课堂教学结构，再讨论任务的设计原则、方法步骤、任务要素，在此基础上探索任务型的课堂教学模式。

（一）中小学外语课堂教学结构

中小学外语课堂教学是一个结构严谨、层次分明的过程，由导入、呈现、机械操练、意义操练、交际性语言实践活动、巩固六个环节构成。

每个环节都有其独特的目标和功能，从教学的角度来看，这六个环节构成了一种具有顺序性、连续性的教学模式。

在语言知识的层面上，外语教学应涵盖语音、词汇、句型和语法。这些元素相互联系，共同构成了语言的完整体系。为了将这些知识传授给学生，教师需要设计各种各样的教学活动和任务。外语教学还重视四项语言技能：听、说、读、写。教学过程中，教师需要利用多样化的教学方法和教学内容，让学生在听说读写方面都得到全面的锻炼。在听力和口语方面，学生可以通过听录音或进行对话练习外语；在阅读方面，学生可以通过文章阅读练习外语；在写作方面，学生则可以通过写作文来进行外语练习。

（二）中小学外语教学任务设计的原则

中小学外语教学设计任务应该遵循以下原则（见图3-3）。

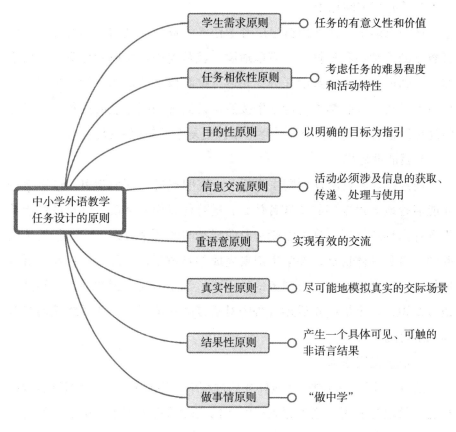

图 3-3　中小学外语教学任务设计的原则

1. 学生需求原则

该原则强调任务的有意义性和价值。这意味着，学生需要在课堂上接触他们有兴趣、有意愿，并且有能力完成的任务。为了设计出这样的任务，教师需要深入了解学生的个性需求，包括他们的兴趣爱好、生活经历、能力范围及智能因素。作为教师，理解并适应学生的需求是至关重要的。设计有意义、有价值的任务，可以激发学生的学习兴趣和动力，促使他们积极参与到学习中来。这不仅有助于提升教学效果，也有助于培养学生的综合能力。

2. 任务相依性原则

这一原则主张任务的排序应考虑任务的难易程度和活动特性，以保证教学的连续性和整体性。简单地说，就是先进行简单的任务，然后逐步过渡到进行较为复杂的任务；先进行接收信息的活动，然后进行输出信息的活动。在教学中，让学生按照从易到难的顺序完成任务，可以有效地帮助他们建立自信心，并逐渐掌握更复杂的知识和技能。

3. 目的性原则

任务设计的目的性原则主张任务应以明确的目标为指引，这样学生才能清楚地知道他们需要准备什么、进行什么样的活动，以及最终能够得到什么样的结果。这个原则涉及明线和暗线两个方面。明线指的是任务的直观和具体目标，如学生需要完成的具体活动、所需材料及非语言成果。暗线则涉及在完成任务的过程中，学生需要掌握的词汇、句型等语言知识，以及他们在活动过程中对语言的熟练运用，并最终获得综合运用语言的能力。

4. 信息交流原则

信息交流原则强调在完成任务的过程中，活动必须涉及信息的获取、传递、处理与使用。这个原则以实际的交际情境为背景，推动学生之间的有效信息交流，从而提升他们的实际运用能力。在任务型教学活动中，学生之间的对话不再是事先设定或明知故问的形式，而是双方之间存在信息不对称的情况，从而产生交际需要，使对方都能获得自己需要的信息。

5. 重语意原则

掌握语言的终极目标在于通过它来实现有效的交流。交流过程中，学生需要重视语言的含义而非仅仅关注其形式。除了语言的准确性，逻辑连贯和流畅性也是不可忽视的重要因素。这些元素综合起来才能构成完整而有效的沟通。设计任务时，应以语言功能和语言形式的融合为要点。在这个过程中，学生会学习语言的形式并理解语言的功能，而且更加重视语言的意义。这样可以使他们在表达自己的思想和情感时，更加自信。另外，这个过程会有助于培养他们的外语思维习惯，从而实现流畅且富有逻辑的表达，这比简单的操练更有价值。

6.真实性原则

真实性原则主张在教学活动中尽可能地模拟真实的交际场景。它要求在教学活动中，教师和学生之间、学生和学生之间的交流应当是基于实际交际需求的，而提供给学生的语言材料和活动形式也应当尽可能地接近生活。

7.结果性原则

任务完成后，应产生一个具体可见、可触的非语言结果。这种结果可以以各种形式呈现，如学生的绘画作品、填写完成的表格、制定的清单，或是做出的决策、完成的报告、制作的物品等。这种非语言性的结果是任务的重要组成部分，也是评估学生是否成功完成任务的主要依据。具有实体化结果的任务设计，不仅可以为教师提供明确的评估依据，也能更好地激励学生投入学习。当学生看到自己完成的绘画作品、报告或是物品时，他们能够实实在在地感受到学习所获得的成就，这种成就感会进一步鼓励他们更积极地参与到学习中去。

8.做事情原则

任务型外语教学主张"做中学"的理念，这不仅是一种教学方法，更是一种培养学生主动性和实践能力的方式。在这种教学方法中，学生不仅需要理解语言知识，更要参与到各种实际的任务中，通过亲身的实践活动，如绘图、连线、记录、做决策等，来获得和积累学习经验。

（三）任务设计的步骤

在中小学外语教学中，任务设计主要包含以下几个主要步骤（见图3-4）。

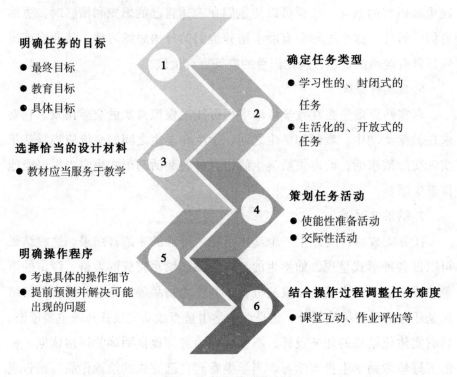

明确任务的目标
- 最终目标
- 教育目标
- 具体目标

确定任务类型
- 学习性的、封闭式的任务
- 生活化的、开放式的任务

选择恰当的设计材料
- 教材应当服务于教学

策划任务活动
- 使能性准备活动
- 交际性活动

明确操作程序
- 考虑具体的操作细节
- 提前预测并解决可能出现的问题

结合操作过程调整任务难度
- 课堂互动、作业评估等

图 3-4 任务设计的步骤

1. 明确任务的目标

任务目标的设定是教学过程中的关键步骤，它能够指导教师有目的地开展教学活动，也能帮助学生明确学习方向，有效地提高学习效果。在这一过程中，任务目标被划分为三个层次，即最终目标、教育目标和具体目标。

（1）最终目标。最终目标的确定，旨在开发学生的语言应用和交际能力，这是语言学习的核心，也是所有任务目标的顶层设计。每一项具体的任务或活动都应围绕这一最高要求展开，进一步提升学生的语言实践能力。

（2）教育目标。教育目标是按照英语课程标准描述的五项九级目标来确定的，这是学生应达到的基本要求。

（3）具体目标。具体目标指的是在特定任务下，学生需要达到的明确的目标。例如，在某一单元或某一课时中，学生应该掌握哪些语言知识，能完成哪些语言行为等。这些目标都是由教师根据课程标准和学生实际情况确定的，主要是将大的教育目标细化为具体、详细的语言行为目标。在这个过程中，教师需要深入理解课程标准，将等级目标拆分为更为具体的任务，明确每一个任务中学生应该达到的语言行为目标。这样，学生在具体的学习活动中，就能清晰地知道自己需要做什么，以什么样的标准为参考，进一步提高学习效率，实现最终目标，即提升自己的语言应用和交际能力。

明确任务目标时应该注意以下几点：其一，了解课程标准对分级和分项目标的规定；其二，全面了解学生的需求和教材内容。了解学生的需求可以帮助教师更好地适应每一个学生的学习风格，提高教学效果；其三，以单元为单位来考虑任务目标，从单元目标中细化出课时的具体目标。这样做可以使学习更加系统，更具连续性，能够帮助学生更好地掌握和理解新的知识；其四，目标的描述需要全面，不应遗漏任何一项，包括语言知识、语言技能、情感态度、学习策略和文化意识。目标的描述应该用行为动词，强调学生是行为的主体，以便于教师和学生都能明确知道应该完成的任务，并且能清楚地评估自己的学习进度。

2.确定任务类型

在教学过程中，不同的目标需要采用不同的任务类型来达成。因此，教师在制订教学计划时，需要根据目标的具体情况，灵活选择适当的任务类型。对于初级阶段的学生或是需要掌握单一、简单的语言知识的学生，应选择学习性的、封闭式的任务。这类任务通常具有明确的学习目标，容易掌握，有利于培养和提升学生的基础语言知识和技能。而对于较高级别的学生或是需要掌握综合、复杂的语言知识和技能的学生，更适合使用生活化的、开放式的任务。这类任务通常涵盖多个语言知识点，更接近真实的生活环境，可以提高学生的语言实践能力。

任务类型的选择需要根据教学的实际情况来进行，没有固定的模式，只有合适与否。教师需要根据学生的实际水平和需求，来对任务类型进行搭配和调整，以确保每个任务都能有效地帮助学生达到学习目标。

3.选择恰当的设计材料

教材的选择与设计也是任务设计中的一个至关重要的环节。现代教学理念强调，教材应当服务于教学，而不是反过来让教学过程受限于教材。这也就意味着，在某些情况下，教材的内容可能无法满足所有学生的需求，教师便需要对教材进行适当的修改和补充，或者寻找教材之外的教学材料。

在选择教学材料时，有几个关键的因素需要考虑。其中最主要的因素包括材料的形式、内容、难易度、展现方式及是否需要学生自行搜索等。教学材料的来源可以非常广泛，包括学生的生活经历、书籍、报纸、广播、电视、网络等。这些口头或书面的英语语言材料都能为学生提供丰富的学习资源，帮助学生在多元化的语言环境中提高语言能力。因此，教师需要灵活利用各种教学资源，以提供丰富多样的教学材料，以最大限度地满足学生的学习需求。

4.策划任务活动

设计任务时通常会涉及两类主要的活动：使能性准备活动和交际性活动。其中，使能性准备活动的目标是激活学生已有的知识和技能，介绍新的语言元素，并通过实践活动来让学生熟悉和掌握这些新的语言元素。交际性活动则更侧重实践运用，包括调查、分析讨论、报告等多种形式，让学生能够在实际的语言环境中使用新学的知识和技能。从认知学的角度来看，学习活动可以被分为输入活动和输出活动。输入活动是指学生从教材或教师那里获取新的知识信息，而输出活动则是学生用以展示自己理解和掌握知识的机会。通常情况下，学习活动应当是先进行输入，然后再进行输出，让学生有机会将新学的知识运用于实践中。在规划学习活动时，教师需要考虑一系列的因素。例如，每个活动所需的时间，采用的方式，活动的具体目的，学生是否对这个活动感兴趣，他们是否有能力完成这个活动，以及在活动中，学生能否有机会使用新学的语言项目等。这些问题的答案都将直接影响到学习活动的有效性。

5. 明确操作程序

一旦活动规划完成，操作程序便有了基本的框架。但这还不足以确保教学过程的顺利进行。教师需要深入考虑具体的操作细节，提前预测并解决可能出现的问题。

6. 结合操作过程调整任务难度

任务难度的高低将直接影响学生的学习兴趣和积极性。过于简单的任务会让学生产生惰性，过于复杂的任务则可能导致学生产生畏难情绪。因此，教师需要时刻关注学生的反馈信息，掌握学生的学习程度，根据学生的学习状况及时调整任务难度，以激发学生的学习潜能。例如，通过课堂互动、作业评估等方式，了解学生对知识的掌握程度。当发现任务过于简单或过于复杂时，教师应及时做出调整，使任务难度与学生能力相匹配。教师还要设计出多层次、多样性的任务。这样既可以满足不同阶段的学生，也可以给予学生自我挑战和提升的机会。例如，可以设计出一些基础任务让所有学生都能完成，再设计出一些挑战任务供学生自我选择，这样既能满足基础学习需求，又能培养学生的自主学习能力。

第二节　探究式教学模式

探究式教学的理念根源可追溯至古希腊时代的苏格拉底（Socrates）、柏拉图（Plato）和亚里士多德（Aristotle）等人的教育理念。其中苏格拉底的问答法就是典型的早期探究式教学方法，他以提问来引导学生思考，而非直接告知答案，这样做可以保持学生的思维活跃度并启发他们独立思考。随后，欧洲文艺复兴时期的教育家、英国思想家培根（Bacon）进一步强调了科学实验和探究的重要性。到了 20 世纪初，探究式教学开始在欧美等地被系统化研究，到了 20 世纪中期，研究活动达到高潮。尽管前人在这一领域的探索和研究为后人提供了丰富的经验和启示，具有极其重要的借鉴价值，但现代教育者仍然需要继续研究和推动探究式教学的发展。

一、体验式教学模式的基本内容

（一）体验式教学模式的内涵

探究式教学是一种以学生为主体的教学方法，鼓励他们通过阅读、观察、实验思考、讨论和听讲等多种方式，去独立探索和学习新知识。教师在这个过程中扮演着指导者的角色，并提供一些实例和问题，来激发学生思考。探究式教学追求的不只是单纯地获取知识，而是通过学习这一过程使学生能自我发现和掌握问题的答案，从而掌握解决问题的方法和步骤，了解客观事物的属性，并发现事物发展的起因和事物内部的联系。在探究式教学的过程中，学生可以在寻找规律、形成概念的过程中增强自主能力。它强调了学生的主体地位，即教学过程不再只是教师单方面向学生灌输知识，而是学生主动探索，与教师共同完成。学生需要在实践中去发现问题，解决问题，理解知识，这样不仅可以提高他们的理解能力和创新思维，也更能加深其对知识的理解和记忆。

作为一种基于探究的教学活动形式，探究式教学的核心在于"探究"。探究旨在引导学生在自主学习中发现规律、理解概念，并提出自己的观点和结论。这样的学习方式能够让学生更加深入地理解知识，而不再只是简单地记忆知识。此外，探究也能训练学生的批判性思维能力和解决问题的能力，从而使他们更好地适应未来的生活和工作。探究式教学是以探究为基本特征的一种教学活动形式，它包含两层意思：第一层是什么是探究；第二层是什么是探究式教学。

探究式学习仿照科学研究的过程，倡导学生主动探索科学内容，通过体验理解和应用科学研究方法，以提升自身的科学研究能力。它以探究为基础，是一种积极的学习方式，也是教育教学的目标之一。此学习方式涵盖五个关键的活动环节：提出问题、收集数据、形成解释、评价结果及表达结果。这些环节鼓励学生围绕科学性问题开展探究，利用实际数据解释和评价问题，比较不同的解释方案，并将解释与科学知识进行关联，最后通过阐述、论证和交流将自己的解释向他人展示。

提出问题是探究式学习的开始，其要求学生主动提出科学性问题，并将问题明确化，为后续的学习活动设定目标。

在收集数据阶段，学生需要获取相关证据以帮助解释和评价所提的科学性问题，这一过程涉及信息的收集、筛选和整理，旨在培养学生的数据处理能力。

在形成解释阶段，学生需根据所收集的证据，对科学性问题做出自己的回答，这一过程可以锻炼学生的逻辑推理能力。

在评价结果阶段，学生需要比较其他可能的解释，让自己的解释与已有的科学知识形成联系。这一环节培养了学生的批判性思维，使他们能够对自己的理解进行审视和修正。最后，学生需要表达结果，阐述、论证和交流他们提出的解释，这不仅让他们的思维得到了锻炼，也增强了他们的表达和沟通能力。

探究式教学是一种以学生为主体、以教师为指导的教学方式，强调理论与实践相结合，以促进教学的不断发展。在此种教学方式中，教师并非单纯地向学生灌输知识，而是引导学生对学习内容进行深入的探讨和多角度的研究，让学生在寻找答案和解决问题的过程中，掌握知识，获得能力，学习科学的方法，培养科学态度和科学精神。在具体实践中，教师要先用理论指导实践，再通过实践总结出新的理论。这样的过程不仅有助于学生对知识的掌握，也有助于他们理解知识的内在逻辑和形成科学的思维方式。教师也需要与学生共享实验过程和结果，让学生了解科学结论是如何通过实验得出的，这有助于培养学生的实证精神。

（二）探究式教学的特点

探究式教学主要具备以下几个特点（见图 3-5）。

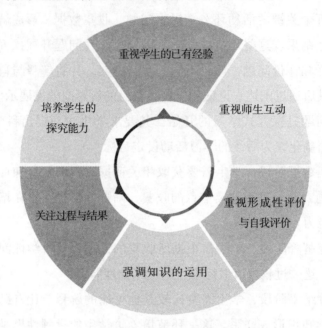

图 3-5　探究式教学的特点

1. 重视学生的已有经验

从认知心理学的角度来看，学生的学习并不是在空白的情境中展开的，而是与他们的既有经验紧密相连的。每一位学生的知识背景、生活经历，以及他们对于世界的理解，都会对他们的学习产生深远的影响。因此，尊重并运用学生的已有经验是教学的重要策略。这样的教学方式不仅可以有效地为学生的新知识建构提供基础，而且还能提高学生的学习积极性与主观能动性。在学生的知识与经验中寻找教学的切入点，可以帮助他们更好地链接新旧知识，加深理解，并且对新知识产生更多的兴趣。反之，如果忽视了学生的已有知识和经验，那么教学可能就会陷入困境。因为没有了与旧知识的关联，学生可能会感到困惑，学习的积极性可能会降低。在这种情况下，预设的教学目标很可能无法达成。

2.培养学生的探究能力

教学并不应该仅仅是教师将结论直接告诉学生，然后再通过各种实验来证明这些结论的正确性。相反，真正有效的教学，应该是让学生通过各种活动，如观察、调查、制作和收集资料等，亲自探索，自我发现，从而得出结论。这种方式可以让学生身临其境地体验知识的获取过程，以及建构对新事物的新认识。

3.关注过程与结果

一方面，学生需要在教师的指导下，对事物和现象进行积极的研究。通过亲自参与探究的过程，学生更能够理解知识的内在联系，从而实现对知识的灵活掌握和运用。这种方式能够让学生深入理解知识的本质，增强他们对知识的把握能力，而非仅仅停留在表面的记忆和理解上。另一方面，教师需要将知识和科学方法有机地结合起来。在学生掌握知识的基础上，通过各种形式的探究活动，如观察、调查、假设和实验等，学生能够体验收集信息和分析信息的过程，从而得到自己的探究结果或制作出自己的作品。这种方法可以帮助学生在掌握知识的同时，锻炼他们的思考和判断能力，培养他们的科学态度和精神。

4.强调知识的运用

在教学过程中，注重培养学生对知识的运用能力极为重要。探究教学是一种以学生为中心的教学模式，其核心特点就是让学生学会运用知识解决实际问题。通过探究式教学，学生可以学习如何整合和应用所学知识，跨越学科界限，解决复杂的、综合的和知识涉及面广的问题。探究式教学的设计使得学生在掌握知识、运用知识和解决问题的过程中，更能贴近生活实际和社会实际。这种接近实际的学习过程能够提高学生的实践能力，使他们能更加深入地理解知识，并能灵活运用知识。这也是教育的最终目标，即培养学生的实践能力和解决问题的能力。

5.重视形成性评价与自我评价

在探究式教学中，给予学生形成性评价及鼓励他们进行自我评价具有重要的作用。传统的教学评价往往倾向于终结性评价，即只关注学生最终的学习结果，然而，探究式教学强调的是对每一个学习环节的持续性、过程性评价，即形成性评价。形成性评价是针对学生在学习过程中的表现进行评价，例如，他们理解了哪些概念、哪些概念还不清晰、能否灵活地应用知识去解决问题、能否独立提出问题、能否设计并执行自己的探究计划、能否处理和分析收集的数据和证据、能否区分这些证据是支持还是反驳他们提出的假设等。这样的评价可以帮助教师及时了解学生的学习情况，并对学生的学习进度进行持续的反馈。

除教师的评价，学生的自我评价也是探究式教学评价中的重要组成部分。让学生对自己的学习过程进行反思和评价，例如，他们使用的方法是否合适、解释是否正确、对知识的理解程度如何等，这样可以帮助他们更好地掌握学习的节奏和方法，从而提高学习效率。重视学生的自我评价，意味着让学生对自己的学习过程有更多的控制权，这可以让他们更加了解自己的学习状况，知道自己在哪些地方做得好，在哪些地方还需要改进，从而更好地促进学习目标的达成。同时，自我评价也是一种学习技能的培养，可以帮助学生提升自主学习和自我调整的能力。

6. 重视师生互动

探究式教学法强调将学生置于学习的核心，由他们自我驱动去探究，通过参与各种活动，进行自我体验并获得知识。在此过程中，教师的角色并非被边缘化，而是发生了一种转变。在探究式教学中，教师不再仅仅是知识的传递者，而是转变为学生的指导者和学习的协助者。教师尊重每个学生的选择，能够基于他们的兴趣和需要，来提供适当的指导和支持，帮助他们在探究过程中找到正确的方向，避免其走入误区，确保他们能够有效地进行学习。与此同时，学生在教师的引导下将进行自主探究，他们有机会尝试，有权利犯错，有责任改正，而这一切都是为了提高学生的思考和解决问题的能力，使他们能够主动地、有目标地进行学习。师生之间的这种互动关系，实质上是一种相互促进的关系。教师的引导帮助学生更好地理解和把握探究的过程，学生的探究则反过来推动教师不断地反思和完善自己的教学方法和策略。

（三）探究式教学法的意义

1. 符合教育改革的需要

探究式教学法是一种与教育改革理念相吻合的教学方法。它能够满足教育改革者的实际需求，符合教育改革的核心精神。

探究式教学法是现代化教育中"以人为本"观念的体现。探究式教学能让学生按自己的兴趣选择要学习的内容，这种教学方式，不仅有助于满足学生的知识需求，而且有利于他们的全面发展。探究式教学法强调通过教材提供的基本知识，来培养学生的创新精神和实践能力，让学生在理解和掌握知识的基础上，能够灵活运用知识与解决实际问题。探究式教学法的实施，是教育改革的一种重要尝试。它反映了教育改革者不断探索新的教学途径和教学方法的创新精神，体现了教育改革者以人为本，注重培养学生实践能力和创新精神的教育理念。实践已经证明，探究式教学法是符合教育改革者实际需求的教学方法，是实现教育改革目标的有效途径。

2. 提升班级教学的活力与效力

在科技发展水平相对较低的年代，传统的班级教学方式能够发挥出它的优势。然而，随着远程教育和网络教育的崛起，这种一贯的教学模式就显示出了其固有的缺点，如压抑学生的个性和难以个性化教学。实施探究式教学就是为了解决这些问题。这种教学模式将尽量减少教师直接讲授的时间，更多地依赖学生的自我探索和主动学习。这一过程为学生提供了一种积极主动的学习方式，帮助学生有更多的机会去思考，发现，创新，同时也满足了他们自主发展的需求。这种教学方法还鼓励学生在"活动"中学习，在"主动"中发展，在"合作"中增知，在"探究"中创新。

3. 促进教师的自我发展

探究式教学的应用，能够帮助教师摆脱"以自我为中心"的观念，通过探究实践推动自我发展。课堂教学的革新难度往往集中在教师的身上，主因在于教师"以自我为中心"的观念根深蒂固，加之习惯于长期沿袭传统的教学方式，使教师的教育理念实现向现代教育理念的转变成为一项艰巨的任务。为了打破这种僵化的状态，教师需要通过实践探究来学习和发展，包括总结自我教学经验，借鉴他人之长等。这样，教师的角色也会随着探究式教学的应用发生重大转变，由以往的"台前主角"转变为现在的"幕后导演"。

二、中小学外语探究式教学的形式

在中小学外语教学中，探究式教学法的形式大体上可归纳为以下几类（见图 3-6）。

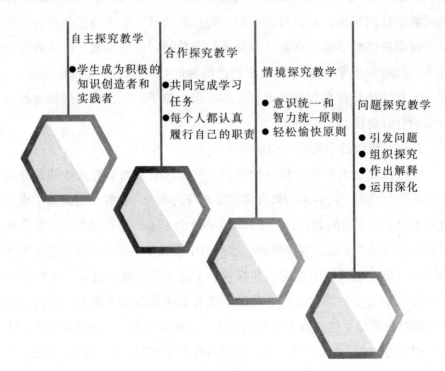

图 3-6　中小学探究式教学法的形式

（一）自主探究教学

自主探究教学是一种特殊的教育模式，旨在引导学生以更积极、更主动的方式投入学习，激发他们独立思考与建构知识的能力。这种方法不仅允许学生深入理解概念和理论，而且能帮助学生主动参与并解决实际问题。

1. 自主探究教学的特点

（1）在自主探究教学中，教师和学生均扮演着关键的角色。在传统的教学模式中，教师通常被视为知识的权威和传递者，而学生则是被动的知识接受者。然而，在自主探究教学中，教师和学生同等重要。教师成为引导者和启发者，他们的任务不再只是传递知识，而是激发学生的好奇心，鼓励他们积极探究，主动寻找答案。学生在这个过程中也从被动的知识接受者变成了积极的知识创造者和实践者。

（2）强调教学过程的开放性和研发性。这意味着教学过程不再是固定不变的，而是允许学生根据自己的兴趣和需要去探索新的知识领域的。同时，教师也需要不断地对教学过程进行调整和改进，以满足学生的需求。通过这种方式，学生的创造力和创新意识得到了充分的发挥。

（3）强调学生参与。教师鼓励学生通过个人或团队的方式，参与到实际的研究项目中，通过这种实践性的方式，提高他们的问题解决和批判性思维能力。自主探究教学还鼓励学生之间的协作，学生可以通过共同解决问题，分享思想和观点，从而增强他们的合作能力和沟通技巧。

（4）问题设计的合理性与教学的有效性。这意味着教师需要根据学生的兴趣和能力，设计出既具有挑战性但又可达成的问题，同时还需要确保教学活动能够有效地帮助学生获得所需的知识和技能。

2. 自主探究教学的重点

（1）教师需要明确学习目标，确保课程的目标与学生的需要相吻合。其中包括对预习材料的选择和分发，以及预习方法的推荐。预习不仅让学生在课前对知识有所了解，同时也让他们能更好地参与课堂讨论。而且，教师也需要将整体性、灵活性和开放性的思维带入课堂教学，以满足不同学生的学习风格和进度。

（2）探究的形式多样，包括个人独探、同伴互探、小组齐探和全班共探等。教师的任务在于如何有效地监管学生的活动，如何安排合理的分组，以及如何指导学生进行有效的探究。

（3）在指导学生实现应用迁移时，教师可以采用分层运用、内外运用和反馈等手段。

（4）教师在自主探究教学中还需要注重发挥学生的主体性，让学生参与到教学活动中，要赋予学生自主探究的权利，使学生能够自行完成大部分的学习任务。

（5）教师在自主探究教学中不仅是学生学习的促进者、参与者和指导者，还是共同的学习者，需要与学生一起探究知识，一起解决问题，并以此建立起平等的师生关系。

3. 自主探究教学中的常见问题

（1）在某些情况下，自主探究教学可能会流于形式，例如，如果教师没有以恰当的方式进行指导，学生则可能无法完成探究任务。教师在指导学生自主学习时，需要以合适的方式进行，以便学生能够准确理解教学目标，并在实践中得到正确的引导。

（2）教师承揽了探究的全部工作，学生只是在验证教师的探究结果，这样就无法体验到自主探究的乐趣。教师应鼓励学生提出问题，并进行猜想，而不是仅仅让他们做出应答。在这个过程中，学生将会明白探究的必要性，并从中获得满足感。

（3）选材不当，缺乏探究意义，这也是一个需要注意的问题。教师需要充分掌握学生的学习情况，挑选适合他们的材料，让他们在学习过程中能够充分感受到探究的价值。

（4）教师的布置方式可能会让学生在收集资料时遇到困难。因此，教师需要以明确的方式来布置任务，并提供必要的资源和工具。这样，学生才能够更有效地完成任务，并从中学习到有用的知识。

（5）在自主探究教学中，时间管理也是一个重要的问题。如果没有足够的时间，学生可能就无法进行深入的探究，自主探究也就无法达到预期的效果。对此，教师需要更新观念，要相信学生有能力自主地利用时间。教师可以给予学生更多的自由支配的时间，让学生根据自己的节奏学习。

（二）合作探究教学

合作探究教学强调的是在教师的引导下，学生根据不同层次，以4～6人混合编成小组，通过互帮互助，共同完成学习任务，评价合作探究教学能否成功的依据是整个小组的成功与否。在这种教学模式中，学生的责任感是至关重要的一环。学生需要明白，他们不仅要对自己的学习负责，还要对小组其他成员的学习负责。他们需要在探究过程中保持积极性，尽力为小组提供帮助，支持小组的共同目标。组内的每个成员都需要全力以赴，做好自己的任务，对自己的工作负责，只有每个人都认真履行自己的职责，整个小组的目标才能得以实现。一个好的小组其成员需要包括具有不同特点和能力的学生。他们的知识和能力应该是互补的，这样才能充分发挥他们的优势，实现取长补短的目标。在这个过程中，学生可以学习到他人的优点，同时也可以提高自己的弱点。

1.合作探究教学的重点

（1）合作设计应具备合理性。也就是说，要在活动设计中体现出合作和互动的特性。

（2）明确目标的设定在教学策划之初就十分重要，这不仅为教学活动提供了方向，也为最终的评价和反馈提供了衡量标准。一个明确的目标可以帮助学生理解他们需要完成的任务，以及完成这些任务所需的步骤。

（3）通过自我学习和小组互助，集体成果可以被有效地积累。学生可以通过自我研究和探究获取知识，然后在小组讨论中分享自己的发现。该方式有助于集体智慧的汇聚，从而促进全体学生的进步。

（4）将自我评价和他人评价相结合，从而让学生了解他们各自的优点和需要改进的地方。自我评价可以帮助学生深入理解自己的学习过程，而他人的评价则能提供一个全新的视角，帮助他们发现可能被忽视的问题。

2. 合作探究教学中可能遇到的问题

（1）问题设置过于简单，导致合作探究流于形式，而失去了它真正的意义。为了解决这个问题，教师提出的问题应当紧密关联课堂上讲授的重点和难点。问题的设置应有启发性，要能够调动学生的学习兴趣，引导他们的深入思考和积极参与。

（2）重视探究，却忽视了总结。探究固然重要，但是如果没有总结，学生可能会片面地理解某一问题的解决方式。为此，教师应引导学生对答案进行全面总结，使经过讨论得到的答案更有意义，同时也能巩固他们的理解。

（3）过于注重优秀生，忽视了后进生的发展。这可能导致后进生对学习失去信心，也会降低后进生的学习兴趣。因此，教师在教学过程中，不仅要给予后进生心理辅导，帮助他们建立信心，还要提供不同层次的问题，以确保后进生也能适应并参与到学习过程中。同时，教师要鼓励优秀生主动帮助后进生，这样可以形成一个积极的学习氛围。

（4）在合作探究的评价中，教师需要对不同发展水平的学生提出不同的要求。评价方法应当能够体现出对每一位学生的关注，特别是后进生。只有这样，教师才能全面了解他们的进步，并给予有效的指导和帮助。

（三）情境探究教学

1. 情境探究教学的基本原则

（1）意识统一和智力统一原则。这一原则强调，在教学过程中不仅要关注如何引导学生集中精神，培养他们的勤奋精神，同时还要充分发挥情感、兴趣、愿望、动机及无意识潜能等因素对智力活动的促进作用。这种平衡的视角可以帮助学生充分发挥他们的智慧，同时也能提高他们对学习的热情。

（2）轻松愉快的原则也是情境探究教学的重要部分。这一原则要求教师在轻松愉快的氛围中引导学生提出各种问题，同时也鼓励学生发挥自己的想象力，寻找答案并辨别正误。通过创建一个积极、轻松的学习环境，可以提高学生的学习积极性，同时也可以帮助他们更好地理解和掌握知识。

（3）自主性原则。自主性原则强调建立良好的师生关系，并尊重学生在教学过程中的主体地位。通过给予学生更多的自由和控制权，可以激发他们的主动性和创造性，同时也可以使他们更愿意参与到学习中来。教师应尊重每个学生的独特性，鼓励他们独立思考，发挥自我。

2. 情境探究教学的重点

（1）寻找新旧知识之间的关系。这种方法能激起学生的学习欲望，从而形成良好的学习氛围。例如，在学习新知识时，教师可以引导学生寻找新知识和旧知识之间的关系，引发他们开始思考，激发他们的学习热情。

（2）利用生活实例。通过生活实例，学生能够更直观地理解新的知识，同时，生活实例也更能引发他们的探究兴趣，激发他们的求知欲望。

（3）实物、图画、表演、语言故事等都是创设情境的有效工具。通过这些素材，教师可以创设生动、形象的情境，引发学生的感知和理解，提高他们的学习效果。

3. 情境探究教学中常见的问题

（1）"花盆效应"。这是指学生在特定的、人为创设的"典型性场景"中学习效果良好，但在脱离这种情境后，他们的学习效果可能会显著下降。为了解决这个问题，教师可以尝试在教学过程中引入更多种多样的情境，使学生能在不同的环境中应用所学知识，以提高他们在各种环境中解决问题的能力。

（2）过度强调情境功效，而对课程的整体性、意会性和模糊性特点关注不足。为了解决这个问题，教师在设计情境时，应该尽可能地保持自然，避免过度雕琢。同时，他们还应该在教学中平衡情境的应用和课程中的其他重要元素，以确保学生能全面理解和掌握课程内容。

（四）问题探究教学

问题探究教学通过引导学生提出、分析和解决问题，来促进他们自身对知识体系的建构、智力的发展及能力的提高。

1. 问题探究教学的重点

（1）搭建民主平台。在此过程中，教师需要为学生提供一个可以自由表达观点，提出问题的平台，让学生充分感受到自己是学习的主体。

（2）在培养学生的问题意识上，教师应从多个角度出发，不仅要让学生记住所学知识，更重要的是理解和应用所学知识。

（3）在备课上，教师需要以问题为核心，设计出能够引发学生思考的教学活动。

（4）在教学组织形式上，教师可以根据教学内容和学生的实际情况，调整教学形式，创造更大的探究空间，让学生在实践中进行探索与学习。

2. 问题探究教学的实施阶段

问题探究教学的运作可分为四个主要阶段：引发问题，组织探究，作出解释和运用深化。

在引发问题阶段，教师应根据学生即将学习的知识点的内涵和外延，结合学生的知识水平和生活实际情况，创设出模拟情境以引发一系列问题。教师在这个阶段扮演的角色更像是一位讲解者和促进者，他们需要以适当的方式来激发学生的好奇心，并引导他们开始思考和解决问题。

在组织探究阶段，教师需要基于学生的心理特点和班级授课的特色，在教师的引导下，让学生围绕提出的问题进行独立思考，体验和感悟，以获取感性认识。学生也应被鼓励与他们的同伴、其他学生及教师进行讨论和交流，以便对问题有更深入的理解，深化他们的认识。

在解释阶段，教师需要引导学生整理自己所获得的直接认识，抓住其本质属性，并将这些认识纳入已有的知识体系，融入已有的认知结构中。这个过程需要教师的指导和引导，以确保其理解的正确性。

在运用深化阶段，教师应鼓励学生运用他们所获取的知识去解决具体问题。在解决问题的实践中，学生能够深化对知识的理解，能更充分地理解知识的内涵和外延。这个阶段能够让学生真正理解并应用他们所学的知识，从而真正实现理论与实践的有机结合。

3.问题探究教学中容易遇到的问题

（1）问题设计的整体性不足。在遇到这种情况时，教师可以采取"化整为零"的设计方法。这种方法是在理解全局目标的基础上，将总体目标细分为一系列的小目标，将每个小目标变成可具体执行的任务，将完成该任务所需解决的问题进行罗列，从而形成一条问题链。这样，学生可以逐步解决每一个小问题，逐步达到总体目标，从而提高学习的效率和效果。

（2）问题设计的层次性不强。问题应该从易到难，层层递进，这样可以让学生在解决问题的过程中逐渐掌握知识和技能，增强他们学习的信心。

（3）问题设计的开放性不足。问题应该从能够启发学生多角度、多元化思考的角度出发，从而使答案有更多的可能性，让学生的思路更加开阔。这样的问题设计可以激发学生的思维活力，培养他们的创新精神和批判性思维。

第三节　体验式教学模式

一、体验式教学的基本内容

体验是一个与感知深度紧密相连的过程，拥有行为体验和内心体验两种形态。行为体验是通过亲自动手实践而产生的，从观察、思考，反思到实践，每一步都是行为体验的重要环节，这是一种活动过程，一种积极地、主动地接触和感知。而内心体验则是对个体的愿望与要求的内在感受，是一种深度的自我感知，涵盖知识、情感、意愿等。体验，既是过程，也是结果。作为过程，体验者在其中经历了从事物的表面到深层的认知探索，从感性认识向理性认识的转变。这个过程中，每一个环节都是对事物认识的深化，是个体对自我和世界更深入的理解。体验的价值不仅仅在于过程，更在于结果。它使体验者从对事物的感性认识跃升到理性认识，并塑造出对事物的独特看法。在体验的过程中，个体对事物的认识得以深化，对世界的理解更加丰富全面，对自身的认知也更加清晰。体验，尤其是情感的体验，有时候能够带来更深的洞见，更强的影响。情感的体验，可以是喜悦、悲伤、恐惧、愤怒等各种情感的体验，它们能够使个体的情感得以升华，从而更深入地理解和把握生活。

体验式教学源自体验式学习。在人类学习的过程中，有两种基本方式：一种是侧重于逻辑理性的左脑式学习，另一种则是侧重于直观感知的右脑式学习。

左脑式学习，这是许多人在传统学校教育中熟悉的学习方式。它注重理论的传授和知识的记忆。在这种学习模式下，教师会将现成的理论和知识传授给学生，学生的任务就是记忆和理解这些理论和知识。右脑式学习，或称体验式学习，则与传统的左脑式学习截然不同。它强调的是实践与体验，学生需要亲身参与，通过自身的感受去学习和领悟。这种学习方式不仅重视实践，也同样注重理论，只不过理论是在实践活动中，通过认知、体验和感悟而得来的。体验式学习，即所谓的"右脑式学习"，它要求学生充分运用已有的知识和生活经验，在对新情境的感知基础上，通过实践体验获得新的知识。在这种学习方式中，要着重为学生提供真实或模拟的情境和活动，让他们全面参与其中，以获取个人的经验、感受，并将个人的经验与感受与他人进行交流和分享。通过反思和总结，学生能够提升经验，形成理论或技能，并将其应用到实践中。体验式学习对于培养学生良好的心理素质和积极进取的人生态度有着积极的作用。通过体验式学习，学生亲身参与其中，并在面对挑战和解决问题的过程中培养了自身的坚韧意志和乐观态度。

体验式教学，其本质是一种通过实践和体验来获取知识的教学方法。这种教学模式的特点是以学生为中心，以任务为基础。学生通过具体体验来"发现"语言使用原则，并能够应用到实际交流中。这样的教学方法，强调的是实践性和体验性，而非纯粹的理论传授。教师在体验式教学中扮演的角色并不是传统意义上的教授者，更像是学生学习过程中的引导者和助手。教师通过构建学习环境，来强调学生的自主体验，帮助学生创建积极的认知情境，并以此构造平等和谐的学习气氛。在这样的环境中，学生能够运用自己的经验和已有的知识积累来获取新的知识，完成知识的处理和转换，并构建自己的知识结构。

体验式教学让学生从被动接受知识，变为主动获取知识，使他们在学习过程中成为真正自由独立、知行合一、实践创新的"完整的人"。体验式教学所追求的，不仅是知识的传授，而且是人的全面发展。

体验式教学主要具备以下五个特征（见图3-7）。

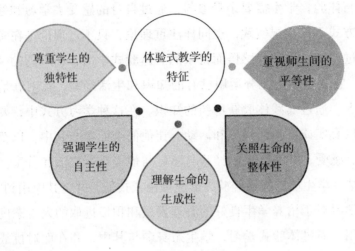

图 3-7　体验式教学的特征

1. 尊重学生的独特性

每个学生都是独一无二的个体，他们都有自己独特的思考方式、观察角度和解决问题的策略。体验式教学提倡的是对学生个性的接纳和肯定。在体验式教学中，教师会尊重学生的不同思想和观点，并给予其宽容和支持。教师不会用一个统一的标准来评判所有的学生，而是会根据每个学生的特性来设计和实施教学策略。他们了解学生的优点和不足，熟知他们各自学习方式的差异，因此可以为学生提供最合适的学习环境和教学方法。体验式教学还尤其关注那些处于弱势的学生，让他们也能在学习和生活中拥有成功的机会。无论是在学术上还是在社交上，都要让他们感受到被接纳和尊重，让他们体验到成功的快乐。

2. 强调学生的自主性

体验式教学的一个核心观念是尊重和呵护生命的自主性。每个人都对世界及自身所处的环境有一种内在的好奇心，有一种去发现、去探索、去创新的不可抗拒的冲动，并且希望在这个过程中发挥他们的生命力量，理解生命的意义。此外，人类也有一种天生的自我认识和自我发展的能力。

体验式教学鼓励学生在学习过程中主动探索外部世界，自觉认识自我、追寻自我、提升自我。在这种教学方式下，教育的目标不仅仅是让学生通过自主学习来更好地获得知识和能力。更重要的是，它希望在学生探索世界、探索自我的过程中，增强自主性，感受到生命的力量和意义。体验式教学通过各种方式来激发学生的好奇心和探索欲，鼓励他们通过实际的行动来理解和掌握知识。在这个过程中，学生不仅可以在认知上得到提升，而且可以在情感、态度和价值观方面得到充实和升华。

3.理解生命的生成性

教师应倾听学生的内心声音，尊重学生的个性和天赋。这种教育模式强调生命的发展性和不确定性，同时尊重生命的生成性。生命不应受到任何事先设定的目标的限制，也不应被外在的目标所左右。教育的过程不应该过度强调未来的结果，而应关注学生当前的生命状态。生命是在不断变化和成长的，所以每个学生在不同的学习阶段都有着自己独特的生命体验。在这种背景下，教师的职责就是为学生创造一个能够充分生长的情境，这个情境不仅需要有足够的自由度让学生去发挥其生命力量，同时也需要有足够的关怀和支持以帮助学生克服挑战。教师要尊重学生的独特性，要认识到每个学生都是一个独立且不断发展的生命体，具有自己独特的思考方式和生活经历。在这种教学环境中，学习过程影响着学生身心成长的历程。学习的每一个步骤都是对身心发展的探索和理解，每一个挑战都是对自我成长的促进，每一次尝试都是对生命生成性的实践。学生能够通过这个过程理解生命的发展性和生成性，理解生命是如何在不断变化中产生新的可能性的。

4.关照生命的整体性

对于每个学生而言，他们的生命并非仅限于认知层面的发展，还包括了情感、态度和信念等方面的丰富内涵。对于教师而言，他们的任务就是确保学生在学习过程中不仅能够对知识进行认知、积累和加工，更要让学生通过体验和反省，使知识深入他们的内心世界，与他们的生活境遇和人生经验相结合。体验式教学把认知、情感、意志、态度等不同的生命层面都纳入教学中，让学生在掌握知识的同时，也能够体验和理解知识的内在意义，从而实现精神世界的丰富和生命的完整生长。

5. 重视师生间的平等性

体验式教学突破了传统的"授—受"关系，取而代之的是"我—你"关系，"我—你"关系是基于交往、对话和理解而建立起来的关系。在这样的教学环境中，教师不再仅仅是知识的传递者，学生也不再是被动的知识接收者。在这个新的师生关系中，教师和学生之间的交流更加平等和自由。他们不仅仅是在进行知识的交流，更是在理解生命的意义和价值。在这个过程中，教师和学生彼此尊重、彼此信赖，彼此激励。教师需要为学生提供一个广阔、融洽、自主的空间，让学生的心灵得以自由舒展，让生命的意义得以真正实现。

二、中小学外语体验式教学的形式

体验式教学的精髓在于让学生成为积极的学习者，通过行为和感情的直接参与，体验和亲历知识的建构过程。这种教学方式强调学生的主体性，强调他们通过亲身体验和实践来理解和掌握知识。

在教学活动中，教师应该为学生提供多种可以听、看、触摸和实践的机会，使知识不再是抽象的理论，而是具体的事实。例如，在科学实验课上，教师可以让学生亲自动手进行实验，观察和记录实验现象，通过实践和体验来理解科学原理。在语言课程中，教师可以通过角色扮演、小组讨论等方式让学生真实地使用语言，体验和感受语言的魅力和力量。体验式教学不仅让学生体验事实，更让学生体验问题、体验过程、体验结论。在面对问题时，学生需要思考、讨论、合作，他们不再是单纯的知识接受者，而是知识的探索者和创造者。他们在问题中体验思考的过程，体验合作的价值，体验解决问题的喜悦。

体验教学的形式包括反思回味式、心理换位式、交流互动式、情景沉浸式、实践活动式和艺术陶冶式（见图3-8）。

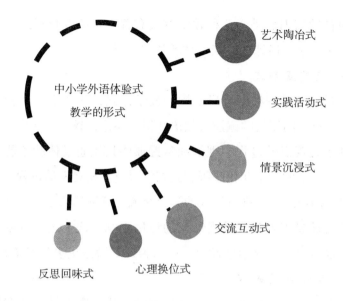

图 3-8 中小学外语体验式教学的形式

（一）反思回味式

"反思回味式"是一种独特的学习方法，它通过让学生对自身的经历进行审视和反思，进而引发相应的体验。这种方法借用心理学中的现象联想和记忆触发，让学生重新"经历"自己的过去，通过再体验的方式，深化对事件的理解和感悟。这种学习方式的优点在于，它允许学生将个人的生活经历——无论是成功、失败，快乐还是痛苦，作为学习的资料，进行深度反思和回味。它不仅帮助学生处理和理解这些经历，而且还为学生提供了一种方法，使学生能够从自己的经验中获取知识和洞见。

（二）心理换位式

心理换位式是一种独特的教学策略，它鼓励学生从心理层面去体验或模拟某个角色。当身处这样的教学过程中时，学生能深度感知并理解角色的思想观点、情感和行为。这种教学方式有助于学生对知识有更深层次的理解，而不仅仅是接受知识。在具体的课堂设置中，教师可以设计一系列活动，让学生置身于特定的角色中或通过模拟自身经历的方式，理解某事件的前因后果。这种教学方式有着丰富的变化形式，包括角色扮演体验法、学生讲课法、换位体验法等。

（三）交流互动式

交流互动式是一种富有启发性的教学方式，它让学生在相互交流和讨论中，通过不同意见的碰撞去领悟知识。在这种教学形式中，学生可以在思考和表达观点的过程中理解和掌握那些只能通过体验才能理解的知识。这是一个帮助学生互相倾听、互相学习、互相启发的过程。学生可以在小组讨论的形式下，进行深入的学习交流。这种形式不仅需要学生充分准备，而且还要求教师设计出恰当的讨论主题。这个主题可以由教师提出，也可以由教师引导学生提出，可以为课堂增添更多的可能性和活力。

（四）情景沉浸式

情景沉浸式是一种富有创新性的教学方式，它倡导教师在教学中根据特定的教育内容和学生实际，设计出具体的学习情景。这种情景可以借助实物演示、图像再现、音乐渲染或角色扮演等手段呈现，从而增强学生的情感体验。这种教学方式的关键在于创设出一个让学生全身心投入的情景。在这个情景中，学生可以与学习内容相结合，产生联想，感受情感的共鸣，进而理解和领悟那些只能通过实际体验才能真正理解的知识。教师的主要任务是巧妙地设计出这样的情景，让大多数学生都能够真正地沉浸其中，产生联想，感受情感的共鸣。

情景沉浸式教学有很多种具体的应用方法，如多媒体情景体验法和多媒体教学体验法。这些方法都是利用多媒体的特性，创设出生动、逼真的学习情景。多媒体能够传递出生动、形象的画面，悦耳、动听的声音，具有很强的视听效果。它可以将声音与图像、语言与情景结合在一起，创造运用语言的真实情景。多媒体的动画画面所展示的仿真环境，使学生有身临其境的感觉，从而增强学习的效果。以往一些需要教师反复指导练习、记忆的内容，现在可以通过一些活泼的动画，生动的描述得以实现。

（五）实践活动式

实践活动式教学是一种以动手操作和实践活动为主要方式的教学方法，它强调学生在实际操作中的亲身体验。这种体验不仅涉及知识的理解和掌握，更包括对情感的感受和行为的改变。这种教学方式以实践为核心，让学生在实践中学习，在学习中实践，形成理论与实践相结合的学习模式。实践活动式教学的方式有很多，包括社会实践法、课内外主题活动体验法、课内外探究活动体验法、实践体验法等。

（六）艺术陶冶式

艺术陶冶式教学法贯穿激发学生身心体验的核心理念。它视艺术为生命体验的展示，将艺术世界视为情感世界、体验世界。在科学理性塑造的世界中，艺术是情感的避风港，是感知生活美感的途径。艺术作品便是情感的表现形式，是对内心世界的诠释和表达。艺术陶冶式的教学，需要教师从教学要求的角度出发，设计出富有启发性的活动，为学生提供帮助和指导。通过各种艺术创作活动，教师可以引导学生探索和表达自己的感情，来进一步理解人与人之间、人与自然之间的情感联系，并以此丰富和提升学生的人文素养。在这种教学方式中，实践活动和研究性学习有着不可或缺的地位。教师可以为学生提供一些研究主题，然后给予他们自由选择的空间。

第四节　情景式教学模式

一、情景式教学的基本内容

情景教学主要通过利用对情景的创设，激活学生的思维，提高其学习兴趣。它是一种教学策略，将学习内容在模拟环境或真实环境中展示，使学生能够主动参与其中，从而更好地掌握和运用所学知识。情景式教学之所以有效，是因为它在教学过程中以情景为载体，将理论知识与实践应用紧密结合。教学内容不再是抽象、僵化的，而是生动、形象的。具体到外语教学中，真实性和准真实性的情境设计会提供大量的实例，活化语言知识，使其能在实际的语境中得到应用，而不是仅仅停留在书本上。这种方式更接近日常生活中的语言使用环境，学生在情景中能更直接地理解和掌握语言。情景教学的生动性和形象性，使学生能够在学习过程中"触景生情"，自然而然地将知识融入情景之中。学生在模拟的或真实的情景中，能够自我驱动地学习、探索和思考，这不仅有利于对知识的深度理解和长期记忆，而且能提高学习兴趣，激发学生表达思想的欲望，从而改变传统的在外语教学中枯燥乏味的现象。

在创设情景时，越是生动、活泼、准确的情景，学生就越能理解所要传递的信息。这种环境的创设能使学生置身于一个富有生活气息的学习世界中，引发他们的好奇心，激发他们的探究欲望，从而提高了他们的学习效率和学习热情。对于教师来说，需要注意的是情景的设定要与学生的生活实际相结合，贴近学生的认知水平，才能最大限度地引发学生的兴趣。

情景可以分为现实情景、回忆情景、联想情景及情景的转换与交叉等。现实情景指的是教学过程中引入的真实或仿真的情景，使学生在近似真实的环境中使用语言；回忆情景则是通过复现过去的情景，帮助学生回忆、复习和巩固已学的语言知识；联想情景是通过相关联的情境，引导学生拓展语言知识，提升语言运用能力；情景的转换与交叉则是让学生在不同的情景中灵活地运用语言，从而培养他们的语境应变能力。

（一）情景式教学的特点

1. 真实性

真实性是情景式教学的核心特点之一。所谓情景的真实性，实际上是指教学过程中创设的情景与学生的日常生活经验、知识技能被运用的实际情境之间的紧密程度。只有真实、贴切的情景，才能迅速有效地激活学生原有的认知结构，使学生建立起新旧知识之间的联系。因此，教师在教学中需要根据教学内容和学生的实际需要，创设接近真实的情景，为学生提供真实的任务和学习领域内的日常活动和实践。教师创设的情景，要从学生的日常认知和具有真实性的活动着手，不能与学生生活经验相差太远。其原因在于，学生的学习并不是在真空中进行的，而是建立在他们已有的生活经验和认知基础之上的。只有与学生的生活经验相吻合的情景，才能激发学生的学习兴趣，引导他们主动参与到学习中来，从而达到良好的教学效果。

2. 交际性

语言是一种交际工具，外语教学的主要任务是培养学生使用这种工具的能力。这就要求教学情景必须具有交际性，才能有效地培养学生的语言交际能力。交际能力并不仅仅是构造符合语法的句子，更重要的是根据场合、时机和对象，恰当地使用这些句子。这就要求教师在课堂教学中，有意识地通过活动，为学生提供不同的信息片段，创设交际双方都不知道对方所用语言信息的情景，即制造信息差距。在这种教学环境下，学生需要通过语言交流，搭建信息的桥梁，以完成共同的任务。这样，学生在实际的语言交际中，会自然而然地运用所学的语言知识，从而实现知识的转化和应用，提高他们的语言交际能力。

此外，如果课堂教学中的情景交际活动没有语言信息差，那么学生就没有必要通过语言沟通来完成交流。因为在这种情况下，学生所说的语言就失去了交际意义，只会变成简单的背句型或造句活动。因此，教师在设计和实施情景教学时，必须注意创设具有语言信息差的情景，让学生在真实的语言环境中进行有效的交际，提高他们的语言交际能力。

3. 趣味性

在外语学习过程中，智力因素和非智力因素都发挥着重要的作用。智力因素包括记忆力、观察力、思维能力和想象力等。而非智力因素，则是指智力因素以外的心理因素，包括意愿、情感、兴趣和注意力等。

这两种因素的共同参与，构成了学习过程的全貌。在所有的非智力因素中，兴趣被认为是学习语言的内驱力。学生对语言学习的兴趣程度，将直接影响到他们掌握语言的程度。学生对语言学习的兴趣并不完全是天生的，后天的环境、教育等因素，同样有着重要的影响。因此，在英语教学中，教师应当设计富有趣味性的情景，以调动学生的学习热情和乐趣。情景的趣味性，不仅可以吸引学生的注意力，增强他们对学习的积极性，还可以在他们心中留下深刻的印象，从而提高他们对知识的理解和记忆。另外，富有趣味性的教学情景，也可以激发学生的想象力，帮助他们更好地理解和运用新的知识。

4. 创造性

在外语学习过程中，学生应具备在一定目标要求下，灵活运用已有的知识，创造出新的语言表达形式的能力。这种创造性，是在外语教学中学生应具备的一种非常重要的素质。

如果情景的创设仅仅局限于简单的模仿和句型的读背，那么这将无法真正培养学生的语言创造能力。这种方法虽然可以帮助学生掌握一定的语法结构和词汇，但是无法激发他们的创造力，无法让他们在实际的交际环境中，灵活地运用语言。因此，教师在教学设计中，应当挖掘课文的内涵，设计有意义的、有任务的、有要求的合理情景。这样的情景，既能帮助学生理解和掌握新的知识，又能创设出一个让学生自由表达，发挥想象力和创造力的平台。

（二）情景式教学的原则

实施情景教学法时必须遵守一些基本原则。

1. 系统性原则

系统性原则是语言学习中的核心原则，该原则强调语言知识的科学性和有序性，确保学习过程的连续性和一致性。在语言学习的早期阶段，口语的实践是至关重要的，这使学生能够更直接地应用语言，并在互动中进一步加深对语言的理解和掌握。待到口语学习的基础稳固之后，再转向书面材料的学习，可以进一步提升语言理解和运用的能力。

词汇的学习和教学也应遵循系统性原则。应从最常用的单词开始，将其作为学习的核心，然后逐步扩大词汇量，这样的安排既科学又符合学生的实际需求。在语法教学方面，应该由简到繁，采用归纳法，让学生在理解和掌握简单语法规则的基础上，逐步学习和理解复杂的语法项目。

2.参与性原则

参与性原则强调在教学过程中积极引导学生融入学习情境，通过亲身体验来感悟知识。这种教学方法让学生在趣味和实践中参与学习，提高学生的积极性和主动性，从而更好地掌握和运用知识。情景式教学是一种以学生为中心，注重参与性原则的教学方式。这种教学方式的核心在于创设戏剧性、幽默、激情和多样性的学习情境，鼓励每个学生充分参与，让他们在参与的过程中感受学习的乐趣，理解和掌握新的知识。而这些情境的创设需要教师的创新，需要他们运用各种教学方法和手段，再结合学生的实际情况和兴趣，设计出有趣且富有教育意义的学习情境。

3.情景优先原则

情景优先原则要求教师在课堂上先创设情景，以引导学生更好地感知和理解新的语言材料。观察情景是学生学习新知识的第一步，通过情景的观察，学生可以直观地理解新的语言材料，为后续的听、说和练习活动打下坚实的基础。

4.可操作性原则

可操作性原则保证了学生在实际操作中得以应用所学知识，而不仅仅是被动地接受知识的灌输。通过多元化的活动，学生可以在实际操作中体验和理解知识，进而提高学习效率和效果。情景的创设应避免过度依赖多媒体，以防止由此产生的教学障碍。虽然多媒体教学工具能够为教学提供丰富的视听材料，但是如果过度依赖，可能会影响学生对知识的理解和掌握。因此，教师应适当使用多媒体工具，以提供生动直观的教学材料，同时也要注意调整教学方式，以确保教学的有效性。

（三）情景式教学的方法

在中小学外语教学中，情景式教学的方法主要有以下几种（见图3-9）。

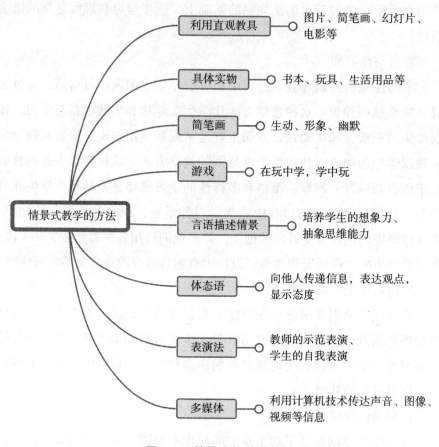

图 3-9　情景式教学的方法

1. 利用直观教具

直观教具的运用是情景创设的重要组成部分，包括图片、简笔画、幻灯片、电影等。在中小学阶段，学生的心理发展特点往往表现为情感易感性和冲动性。这样的特性使他们对生动、有趣的教学方法更感兴趣。直观教具就扮演了这样的角色：它们能引起学生的注意和兴趣，让课堂变得生动有趣。

2. 具体实物

具体实物指的是生活中常见的各种物品，如书本、玩具、生活用品等。利用具体实物是创设情景最直接、经济、有效的方式，因为具体实物所创造的情景生动、形象，能立即引起学生的注意，激发他们的学习兴趣。具体实物的应用尤其适合初学阶段的学生，因为他们能更快地识别和理解这些实物。

3. 简笔画

简笔画的独特之处在于，其运用几何图形，寥寥几笔，就能创作出千变万化的画面。简约的线条，不仅易学易画，而且能在短时间内完成创作，无论在节省时间还是节省精力方面，都表现出了它的优势。简笔画以其生动、形象、幽默的特性，被赋予了在教学中激发学生兴趣的任务。它能够在课堂上构建各种生动的情景，以此来引发学生的浓厚兴趣。更重要的是，简笔画的使用不仅能活跃课堂气氛，提升学生的注意力和记忆力，也能有效地促进学生语言能力的提升。

4. 游戏

游戏作为一种娱乐方式，已经被广泛地运用到外语教学之中。通过游戏的方式，学生的兴趣可以被极大地激发出来，创造出一种既轻松又快乐的学习气氛。游戏可以满足学生的娱乐需求，同时也能让他们在娱乐过程中学习语言知识，掌握语言技巧，从而实现"在玩中学，学中玩"的目标。在游戏活动中，学生的思维被极大地激活了，他们的自信心也得到了增强，同时也培养了学生积极向上的情感态度。因此，游戏在教学中的价值不仅仅局限于娱乐，还具有深远的教育意义。

一个好的教学游戏应该具有趣味性、知识性和灵活性，这样才能符合学生的心理发展特点，激发他们的学习兴趣。游戏的形式应该多样化，可以针对不同的语言知识设计出不同的游戏形式，这样才能让学生在参与游戏的过程中不断产生新鲜感，提高学生的参与积极性，从而更好地学习和掌握语言知识。

5. 言语描述情景

在中小学外语教学中，使用具体实物和简笔画来创设情景是一种常见的方式。这种方式主要用于教学的初始阶段，通过触动学生的感官，帮助他们感知和理解教学内容。然而，这种方式并不利于培养学生的抽象思维能力。因此，使用语言描述情景的方法就成为一种很好的补充。语言描述情景的方法要在学生已经积累了一定的词汇和语法知识之后运用才会产生更好的效果。这种方式可以培养学生的想象力和抽象思维能力，是一种非常有效的教学手段。在语言输入阶段，教师可以把教学的词汇编成一个故事，然后把这个故事讲给学生听。学生可以根据教师的描述，在他们的脑海中勾勒出情景，然后根据自身对情景的感知去理解新的语言知识。在语言输出阶段，学生可以根据所学的词汇或语法来编写对话、故事或短剧。这种方式不仅可以让学生更好地理解和掌握语言知识，还可以激发他们的思维能力，使他们更加积极地参与到学习中来。

6. 体态语

体态语是交际过程中的一种重要手段，它是非言语交流的一部分，通过特定的身体姿态向他人传递信息，表达观点，显示态度。这种特定的身体姿势不仅可以支持、修饰或否定言语行为，还可以代替部分言语行为，发挥独立的表达功能，甚至能够表达言语行为难以传达的情感和态度。这种交际方式的一个主要特点是它的辅助性。它依赖人的面部表情及身体其他部位的姿势，通过这些方式进行信息交流。例如，不同的面部表情可以表达出各种各样的情绪，如快乐、兴奋、惊奇、厌恶、愤怒、恐惧等。同样，眼神也可以传达多种情感，如喜怒哀乐等。

7. 表演法

表演法涉及教师的示范表演和学生的自我表演两个部分。当教师通过表演将教学内容生动展现时，这无疑会给学生带来强烈的鼓舞和信心，为他们后续的自我表演提供范例和勇气。学生的自我表演过程是学习中的关键环节，教师在这个过程中的角色同样重要。他们可以成为导演，指导学生如何更好地将角色塑造得栩栩如生；也可以成为评委，为学生的表演提供宝贵的建议和反馈；更可以深入其中，成为表演的一部分，与学生共同完成故事。在此过程中，教师的互动和参与能够为学生提供宝贵的学习经验。在进行表演之前，学生需要明确表演的目的和任务，这样才能确保表演的内容能够更好地为教学目标服务。这样的方式让学生有机会运用所学的语言知识，并通过角色扮演和情景模拟的方式来深化对语言的理解和掌握。

8.多媒体

多媒体教学指的是利用计算机技术将声音、图像、视频等多种信息传递方式集中呈现，以创造出丰富而多元的教学环境。这种方式打破了传统教学方式的限制，使教学过程更为生动和有趣。在多媒体教学的环境中，文字、图像、视频和声音等各种形式的信息都可以得到充分的运用。这种丰富的信息传递方式不仅可以更好地解释和展示新的知识，也可以创造出吸引学生注意力的教学氛围。这样的环境能够刺激学生的学习兴趣，激发他们的创新思维，扩展他们的知识视野。多媒体教学也有助于建立一个良好的语言环境。通过多媒体技术，教师可以使用各种形式的语言表达，包括文字、声音、图片等，这不仅可以增加语言表达的多样性，也能帮助学生更好地理解和掌握语言知识。

二、中小学外语情景式教学的主要环节

（一）情景导入

情景导入是情景式教学的起点，也是语言学习的输入期。在情景导入阶段，教师需要利用各种教学资源，如实物、图片、投影等，创设一个静态的情景，以此来帮助学生理解新的词汇和句型。这个阶段的活动

以听音、仿说为主，目的在于帮助学生理解并记忆新的语言材料，从而在形、音、义三个方面建立起对新语言材料的全面理解。

（二）情景操练

情景操练环节的主要内容是学生对语言材料进行实践，这也是语言学习的半输入、半输出期。在这个阶段，教师可以运用录像、视频、体态语等方式，创设出一个动态的情景，以便让学生进行机械性或替代性的语言练习。这些练习可以让学生把在情景导入阶段学习到的新语言知识应用起来，通过实践使新的语言知识得以巩固。在这个阶段，学生可以更加深入地理解和记忆语言知识，而教师则能够通过观察学生的练习情况，了解学生的学习进度和对新知识的掌握情况。

（三）情景运用

情景运用是学生对语言材料进行深入应用的环节，也是语言学习的输出期。在这一阶段，教师需要创设一些故事性的情景，如角色扮演、小品表演等，让学生能够在模拟的生活情境中灵活运用新的语言知识，情景运用有助于培养学生的交际能力，同时也使学生更加熟练地运用语言知识。情景运用是语言学习的高峰阶段，这一阶段，学生已经从对语言材料的被动接收，转变为主动运用。

三、教师在情景教学中的主要作用

（一）示范作用

教师通过演示目标结构所使用的语境，创建了一个真实而生动的学习环境，使学生可以在仿真的场景中更好地理解和掌握新知识。通过提供例句，学生可以模仿教师的行为，从而熟悉并逐步掌握所学的语言结构和知识点。

（二）监督作用

教师这一角色就像乐队的指挥，负责引导整个教学流程。他们通过提问、命令和其他提醒方式，帮助学生准确理解并回答问题，确保教学过程的有效进行。这种角色使教师在教学过程中成为核心，由他们决定教学的难度和进度，进而保证教学目标的实现。

（三）协调指挥作用

在学生的实践过程中，教师需要随时观察学生的表现，特别是观察他们使用语法和结构的情况。通过这种方式，教师能够及时发现学生的错误，并在后续的教学中，将这些错误作为讲解的重点，从而使学生有机会纠正。这一过程不仅有助于教师精准地指导学生，也可以让学生从错误中学习和成长。

四、中小学外语情景教学的方法

下面将仅围绕在中小学外语教学中得到广泛应用的五步教学法展开论述。

情景教学法自20世纪90年代开始便在中国的中小学英语教学中被大范围地运用，以此为基础，"五步教学法"在中国也逐渐流行。这五个环节分别是复习、介绍、操练、练习，以及巩固。

（一）复习

复习环节是一堂课的开头，这一环节的重要性不言而喻。它是对之前所学知识进行的回顾，尤其需要关注和本节课知识相关的重点内容。这种回溯有助于激活学生的记忆，为学生理解新的教学内容做好铺垫。此外，复习环节还让学生意识到已经开始上课，进而调整好学习状态，全身心地参与到课堂教学活动中。

（二）介绍

介绍环节是教师展示新的语言知识的阶段。在这一环节，知识的呈现可以让学生直观地认识和感知所学的新知识。新的知识信息在输入学生头脑中的同时，也激活了他们的旧有知识，新旧知识的结合可以帮助他们建构起新的语言意义。

（三）操练

在介绍完新知识后，教师应及时创设情境让学生有目的地进行操练。操练环节是五步教学法的中心环节，教师在操练中引导学生进行活动，帮助学生完成各项任务。活动要求每个学生都要动脑、动口、动手。这样的操练活动应该多样化和趣味化，让大多数学生都乐于参与，从而在学习过程中保持高昂的学习积极性。

（四）练习

练习环节是针对课堂上所学的知识点，有针对性地创建学习情景，如角色扮演、小品表演等。这个环节的目的是培养学生灵活运用语言的能力。在实际情境中，学生可以将所学知识应用到实际语境中，这样可以使他们更好地理解和掌握知识，同时也可以提高他们的语言应用能力和交际能力。

（五）巩固

在这一阶段，教师可以引导学生开展形式多样的小组合作活动，将所学知识进一步深化。巩固环节是一个重要的检验阶段，它不仅可以帮助学生巩固已经学习的知识，同时也让他们有机会在实践中进一步提高自己的能力。

第四章　中小学外语教师的素质与能力

第一节　中小学外语教师的素质

教育的核心理念是发掘与提升每一个个体的智力和所具有的潜能。这不仅意味着个体学术知识和技能的提升，而且还包括对个人兴趣的培养、对动机的理解及对需求的满足。在科学层面，"教师"的定义不仅局限于对学生进行教育和训练，以及在学校环境中传授人类的科学文化知识和技能。他们还负责增强学生的体质，对学生进行思想道德教育，培养学生高尚的审美情趣等。此外，他们也有责任把受教育者塑造成社会所需的人才。

教师的素质通常是指教师在教育教学过程中展现出来的一系列具有决定性影响的思想和心理品质，这些品质对学生的身心发展有着直接而显著的影响。教师的素质不仅关乎教育教学的成果，也会直接影响到学生的全面发展。这种定义将教师的角色提升到了一个新的高度。教师不再仅仅是信息的传递者，他们是学生心灵的引导者，他们启发学生的创造力，激发学生的学习欲望，并帮助他们实现自我价值。而教师的素质，也体现在他们是否能够完成这些任务，是否能够影响和塑造学生的未来等方面。教育并非简单的知识传递，而是对学生个性的尊重与引导，对他们兴趣的培养，对他们需求的满足，以及帮助他们发现和发展自身的潜能。而作为教育者的教师，需要具备高尚的教师素质，例如，专业知识技能、教育热情，以及对学生的深刻理解和关爱。

教师是教育的中心，他们不仅是教学和科研工作的核心力量，也肩负着为社会培养高素质人才的重任。他们将自己的知识、才能、技能和品德作为特殊的劳动手段，教育、引导和影响着学生，帮助学生掌握系统的知识和技能，将他们塑造为社会需要的优秀人才。这说明，教师肩负的责任重大，面对的任务艰巨，他们的素质在很大程度上决定了教育的质量。

教师素质的含义广泛，其包括但不限于教师的专业知识、技能、教育理念、道德品行等。教师不仅需要具备丰富的知识和高超的技能，以支撑起教学和科研工作的质量，同时，他们也需要拥有正确的教育理念和高尚的道德品行，以在教学科研中正确引导和影响学生。

每一位教师的肩上都负着一份巨大的责任，他们的行为和行动都会直接影响着学生的成长与发展，因此对于教师的要求自然极高。不是任何人都能当上教师，更不是任何教师都能成为优秀的教师。只有既专业又博学、热爱教学、热爱学生、懂得教育、具备高尚道德修养的人，才有资格担任教学工作。

中小学外语教师，作为教师队伍中的重要一环，其角色和责任更为特殊和重要。他们不仅教授语言知识，更是架设了文化交流的桥梁。因此，他们所承担的责任更大，所需具备的素质也更高。中小学外语教师必须有足够的专业素质，高尚的道德品质，以及对教育的深深热爱，才能胜任这一工作，并为教育事业作出贡献。

一、道德素质

外语教师的道德素质是衡量其资质的主要尺度。毋庸置疑，道德素质高尚的教师可以赢得学生的尊重与敬仰，并通过自身的实际行动影响学生的成长。而对于外语教师来说，他们不仅传授语言知识，还传播和传承文化，他们的影响力更加深远。教师既是知识的传递者，也是道德的楷模。在外语教学中，教师不仅需要引导学生理解和运用新的语言，更需要以自己的高尚品德去引领他们，帮助他们养成良好的价值观，这样才能使学生运用所学的语言和文化知识更好地服务于社会。

一个道德素质高尚的外语教师，必然拥有爱业、敬业、乐业、勤业的精神。这种精神的核心在于他深深地热爱教育事业，乐于从事教育工作，并以此为使命，对自己的工作有着深刻的感情投入和责任感。他们以培养优秀人才为己任，用自己的知识和智慧滋养学生，帮助他们成长为有知识、有技能、有品质的优秀人才。

爱岗敬业的外语教师，看到的不仅仅是教学工作本身，更是对于教育深深的热爱和执着的追求。他们把教学看作神圣的事业，把教书育人看作自己的使命和责任。他们无私地奉献自己的聪明才智，倾注全身心去教育学生，对于每一位学生的成长都充满了期待和关注。热爱教育事业，使外语教师能够在教学过程中不断追求卓越，不断提升自己的教学水平。他们会因为对教育的热爱和尊重，而努力提升自己的专业素质，不断深化对语言和文化的理解，通过自身的不断成长来推动学生的成长。

（一）严谨治学

严谨治学，是中小学外语教师从事科研工作时的必备态度和行为规范。这种学风要求教师在研究中要具备严谨、求实、虚心和刻苦的品格，每一个结论都要经过严谨的论证，每一项研究都要以事实为基础，面对新知识和新观点要保持虚心的态度，对待科研工作要有刻苦钻研的精神。在教学过程中，教师需要精心传授知识，耐心教导，尽全力让学生掌握所学知识。教师也要努力深化自己的专业知识和技能，不断吸收新的知识，更新教学方法，以满足教育教学的需要。他们应勇于探索教育教学的规律和特点，持续改进教育教学方法，以提升教学科研水平，并进一步提高教育教学质量。这就需要教师对自身有高度的要求，持续进行学习。

严谨治学的理念贯穿教师的日常工作中，其不仅体现在教学过程中，更体现在教师对自身专业发展的持续关注和投入中。教师需保持对学术的严谨态度，以及对知识的敬畏。同时，教师还需要不断深化对教育教学规律和特点的理解，以便更好地在教学实践中将理论知识转化为具体的教学技能。在教学过程中，严谨治学的理念也要求教师精心设计教学计划和课程内容，确保教学内容的科学性和准确性。教师在课堂上的每句话，每个动作，都要展现出对教育的尊重和热爱，以及对知识的严谨和执着。

（二）热爱学生

对于中小学外语教师来说，热爱学生是职业道德的核心和基本行为准则，同时也是教师道德素养高尚的表现。对学生的热爱可以产生强大的教育力量，将直接影响教育的效果。教师的热爱能架起师生间的情感桥梁，使他们成为学生的知心朋友，给予学生无尽的关爱和支持。正是这份真诚的爱，才使教师能够完成教书育人的任务，培养出一批批品学兼优的人才。但热爱学生并不等于对学生的一味纵容。良好的教育应当是严爱相济，对学生既要热爱，又要严格要求，做到爱中有严，严中有爱。只有在这样的教育环境中，学生才能形成良好的个性品质，才能学到真正的知识。教师要全心全意地为学生着想，了解他们的需求，引导他们的成长。在教育过程中，教师不仅要传授知识，更要树立良好的道德榜样，通过自身的言传身教影响学生。同时，教师也要严格要求学生，对他们的行为规范、学习态度及个性发展进行引导和调整。

爱护学生，是教师的职责，更是教育的本质。热爱学生的教师，不仅会以他们的专业知识和技能为学生答疑解惑，还会以真诚的关爱，引导学生健康成长，帮助学生成长为有道德、有才能、有责任感的人。而这种热爱和责任感，正是教师能够赢得学生尊重的关键。

（三）为人师表

教师，是每一位学生心中的指路明灯，教师的身份和职责都使他们必须拥有良好的道德修养。他们所具备的道德品质、行为规范及专业素养，都在无形中影响着每一位学生的生活态度和价值观。在教育的过程中，教师不仅是知识的传播者，更是学生道德修养方面的榜样。他们以自身的行为和言语展示了应如何尊重他人，尊重社会，尊重环境。他们身上流露出的公正、公平和尊重等基本道德价值观，会使他们在学生心中树立起崇高的道德典范。教师只有严于律己，始终保持一种正派的作风和高尚的道德情操，才能真正地教育好学生。他们以个人的修养和专业知识为基础，传授给学生必要的学术知识和生活技能，同时也教导学生如何做人，如何待人。他们用行动告诉学生，只有通过勤奋学习、艰苦努力，才能实现人生的价值，赢得他人的尊重。

教师的角色不仅仅局限于课堂，他们的影响力远超于教学。他们的言行举止，都在潜移默化中影响着学生。学生会把教师的行为习惯、价值取向、情感态度等内化为自己的一部分，从而影响他们的生活方式和人生态度。因此，教师要始终保持良好的职业道德和高尚的品质，以树立起一个可信赖和值得尊重的形象。

二、专业素质

在中小学外语教师的职业生涯中，专业素质不仅是工作的工具，也是工作的主要手段。教师要有广博的知识，以及合理的知识结构。换句话说，教师不仅要有基础知识和专业知识，还需要拥有教育心理学知识，以及其他相关学科的知识。

基础知识分为两种类型。一种是通用性的、能够广泛应用的知识，如哲学知识、语言和文学知识、计算机知识及图书资料知识等。这类知识使教师能在多元文化的教学环境中更好地应对各种挑战。例如，哲学知识可以帮助教师理解和解决教学过程中的道德和价值问题；语言和文学知识则可以提高教师的沟通技巧，使他们能够更好地与学生沟通，进而理解学生；计算机知识和图书资料知识则为教师提供了获取和传递信息的有效工具。另一种基础知识是专业基础知识，它与教师所从事的学科或专业直接相关，包括基本的概念、原理和方法等。这类知识为教师的教学活动提供了必要的理论支持和实践指南。

（一）具备精深的专业知识

外语教师的专业知识是其专业素质的核心部分。他们需要深入了解自己所教授的学科，并且对该学科的基本架构和各部分知识的内部关联有透彻的理解。明白学科理论体系的形成过程及其发展脉络是十分必要的。对学科发展的过程和最新的研究成果有所了解，可以使教师在教学过程中保持敏感和前瞻性。只对学科发展有所了解是远远不够的，教师还需要全面掌握具体的学科知识，以便在教学过程中能够对学生的问题给出准确、全面的回答，也能从不同的角度和深度来解析知识点，从而满足学生的个性化学习需求。这样，教师才能为学生提供更丰富、更深入的学习体验，引导他们挖掘学科的内在价值和潜力。外语教师的专业知识越深厚，基础越扎实，他们对教材的理解就会越深入。深度的理解可以帮助教师从教材中挖掘出更多的教学资源，开发出更丰富的教学方法。不仅如此，教师还可以在教学过程中提出具有深度和独特性的问题，来激发学生的思考，鼓励他们自主探索，培养他们的创新能力和批判性思维。

（二）掌握丰富的教育心理学和外语教学法知识

教育的核心目标是培养人，这是一项极度复杂且充满挑战的任务。它依赖特殊的理论、方法和规律。作为专门育人的职业，教师的工作不仅仅是传授知识，而且需要知道如何以最有效的方式传授这些知识。这不是一件轻而易举的事情，而是需要教师深入理解和掌握教育学、心理学和外语教学法的基本理论和经验。

一名合格的中小学外语教师需要熟练掌握教育理论的基本内容。这涉及了解"教什么"，也就是正确选择教学内容。教师要确保他们所教授的内容与学生的需要和学科的发展保持同步。此外，教师还需要懂得"怎样教"。也就是教师要掌握教学和学生学习的规律和特性，以便于设计出有效的教学策略。教师需要了解学生的学习风格，以便于创造出有助于学生学习的环境。教师还需要了解学生的发展阶段和个性特点，以便于设计出满足他们个性化需求的教学方案。教师也需要了解学生在学习过程中可能面临的挑战，并为他们提供必要的支持和指导。同时，他们也需要关注学生的心理健康，以确保学生在学习过程中保持积极的态度和良好的心理状态。

（三）掌握广博的相关学科知识

教师的专业知识并不仅仅限于他们所教授的主题，而是需要跨越学科边界，全面理解新兴学科、边缘学科、中间学科和交叉学科的基础内容。他们需要积极吸收科技发展的新成果，紧跟科学的发展步伐，以便将最新的知识和理论引入课堂。这样不仅可以让学生接触到最前沿的科学知识，同时也能激发他们的好奇心和探索精神。教师也需要对自然科学和社会科学有一定的理解。他们需要具备基本的审美能力，以便于启发和引导学生，唤起他们对未来的热情。他们需要引导学生去欣赏和理解自然和社会的美，激发他们的创新性思维和批判性思维。不仅如此，教师还需要了解不同国家的风俗和习惯，以便于在教学中将东西方优秀的文化传统融会贯通。这样可以帮助学生更好地理解和欣赏他国文化，提高他们的跨文化交流能力。

三、身心素质

外语教师面临的职业挑战是多重的，包括复杂的脑力劳动和体力劳动。他们必须在教学和科研之间找到平衡，这就需要他们具备强健的体魄和良好的心理素质。

（一）身体素质

作为教师，需要进行大量的准备工作，包括制定教案，搜集教学资源，以及评估学生的学习进度等。这些工作往往需要花费大量的时间和精力，因此，具有强健体魄的教师更能胜任这项工作。同时，良好的体能也能帮助教师更好地应对教学过程中的各种挑战，例如，站立讲课，进行互动教学等。为了维持和提高身体素质，教师应定期进行体育锻炼。适当的运动不仅可以提高身体素质，还可以缓解工作压力，增强身心的活力。

（二）心理素质

教师的心理素质主要体现在智力因素和非智力因素两个方面。两者并行不悖，共同形成教师个人的心理特质，影响着教师教书育人的成效。想要提高教育教学的质量和教师个人的心理素质，就需要深入理解和应用这些因素。智力因素，主要包括教师的认知水平和智力水平。教师是学生的引路人，对知识的深度理解和准确把握就是他们的路标。良好的智力素质使教师在解决学生问题时能有更多的方案，对教育目标有更清晰的认识。

非智力因素，是教师心理素质的另一种重要表现，非智力因素由情感、意志、性格等组成。教师的情感品质是他们在岗位上持之以恒的源泉。良好的情感品质使教师能以积极的态度面对工作中的困难和挑战，通过自己的行为去影响和教育学生。意志品质是教师在教育实践中，实现教育目标的坚定性，教育决策的果断性和处理矛盾时的自制力。强大的意志品质能使教师在面对困难和压力时，坚持自己的教育理念，勇于做出教育决策，并在处理问题时保持冷静。教师的性格特质，如乐观向上、积极进取、开拓创新的精神风貌，也是他们在教育实践中感染学生、影响学生的重要因素。正是这种性格特质，使教师能以积极饱满的情绪去感染学生，让学生愿意接受他们的教育。

第二节　中小学外语教师的能力

作为一名合格的中小学外语教师，应具备以下几方面的基本能力（见图4-1）。

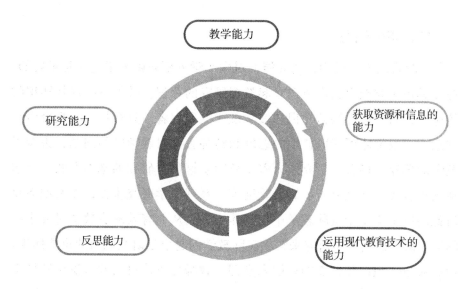

图 4-1　中小学外语教师应具备的基本能力

一、教学能力

在教育教学的众多任务中，教师所具备的教学能力显得至关重要，尤其是对于外语教师而言，语言加工能力和语言表达能力已成为他们的基本能力，这两种能力对学生的学习效果会产生深远影响。语言加工能力是外语教师所必备的一项重要能力。其中包括教材处理、书本知识加工及对自身认知的深度挖掘。只有深入研读教材，理解教材的内涵与精神，才能在教学过程中将教材内容准确、生动地呈现给学生。同时，教师需要将各类学科资源进行精选和评价，从众多知识中选择最具价值的内容，来满足教育目标的要求，同时也要考虑学生的发展特点，为学生的成长提供最有益的知识资源。语言表达能力是教师传递知识、理念、观点的关键工具。好的教师不仅是知识的拥有者，更是知识的传递者。知识的表达是否清晰、准确、生动，会直接影响学生对知识的理解和接受。教学活动就是知识的输出与转换的过程，在这一过程中，教师的语言表达能力将在很大程度上决定学生的学习效率和教学效果。

二、研究能力

在教育教学过程中，研究能力对中小学外语教师来说是非常重要的。想要具备研究能力就需要建立起教育研究的意识。教师不应仅是知识的传递者，而应成为探索知识和教学规律的研究者。只有具备了教育研究的意识，教师才可能以科学的态度和精神去面对教学中的问题，去探寻教学的奥秘。接着，研究能力需要教师掌握科学研究的基本方法。这包括数据收集、问题分析、假设验证等一系列科学研究步骤，以及如何将研究的成果应用于实际教学中的具体方法，从而有效解决教学过程中的问题。善于运用科学研究来解决实际教学问题也是研究能力的重要体现。通过对教学规律和特点的理解和掌握，教师可以使自己的认识由感性上升到理性，由表面现象深入到事物本质中，有效调控教育和教学活动，从而不断提高自己的教学艺术和水平。

研究能力的培养是教师从"经验型"向"科研型""学者型"转变，成为教育家的重要途径。具备研究能力的教师能够关注教学的各个方面，包括教学本身、教学对象、教学内容、教学方法和教学手段等，能够全面优化教学活动，提高教学效果。

三、反思能力

对于中小学外语教师来说，反思能力是一项关键的职业技能，其本质是理论与实践之间的对话，是自我理想与现实的心理连接。这种能力要求教师从教学的各个方面入手，针对学生、教材、教学方式等因素进行的全面审视和深入分析，以提高教学效果。教师需要把自己的教学实践和结果作为思考的对象。这不仅仅是对已有行为的回顾，更是对存在问题的思考和探索。教师应持续地质疑自己的教学观念是否先进，教学过程是否正确，教学效果是否良好。反思的过程是以问题为导向的，只有这样，教师才能在教学中不断提升自身的能力。

在教学的各个阶段，反思都扮演着重要的角色。在教学前，教师需要进行预反思。这种反思具有前瞻性，能使教师有意识地规划和设计教学，有效提升教学预测和分析的能力。通过预反思，教师能够充分地准备教学材料和教学方案，使教学变成一种自觉的实践。在教学过程中，教师需要及时反思。这种反思具有监控性，使教师能够及时对教学过程进行审视和分析，从而提高教学的效率和质量。这有助于教师在教学中灵活应对各种情况，从而提高教学的调控和应变能力。在教学结束后，教师需要进行后反思。这种反思具有批判性，使教师能够总结和理解教学经验，并将其理论化，从而提高教学总结能力和评价能力。通过后反思，教师能够从教学实践中提取出有价值的经验和教训，为将来的教学提供参考。

四、运用现代教育技术的能力

现代信息技术，以多媒体计算机技术和网络通信技术为核心，已经深深渗透到社会生活的各个领域。在教育领域，现代信息技术更是发挥着越来越重要的作用。特别是在外语教学中，现代教育技术的应用极大地丰富了教学资源，优化了教学过程，使外语教学变得更为便利、直观和有效。现代教育技术，是以计算机为核心的多媒体一体化的教育技术，其中包含了计算机技术、网络通信技术和多媒体技术等。运用现代教育技术，能使外语教学内容更加生动、形象，从而增加教学的吸引力、直观性和科学性。这种技术的运用，不仅能让学生的各种感官器官协调工作，激发学生的智力，还能持续提升教学效率和教学质量。

对于中小学外语教师来说，熟练掌握并运用现代教育技术是一项根本要求。这不仅包括利用现代教育技术获取最先进的知识，更包括运用这种技术进行教学和指导学生。现代教育技术能帮助外语教师建立更为丰富的教学资源库。例如，网络资源的利用，可以让教师获取各类新颖的教学素材，让学生接触到更多样的语言环境。多媒体教学资源，如音频、视频、图片等，能使外语教学更具吸引力，使学生更好地理解和掌握语言知识。网络通信技术和互动教学软件的应用，可以增加课堂的互动性，激发学生的学习兴趣，提高学生的参与度和积极性。在线教学平台和课程管理系统，可以帮助教师更好地管理教学活动，提供个性化的教学方案，使教学更加高效。现代教育技术还能增强教学的直观性和科学性。例如，通过动态的多媒体展示，可以让复杂的语言知识变得形象生动，更易于学生理解和接受。智能化的学习分析和评估工具，可以帮助教师更科学地了解学生的学习进度和问题，为教学的改进提供依据。

掌握现代教育技术并不只是技术层面的问题，更重要的是如何将这些技术有效地融入教学中，让它们真正地服务于教学，提高教学效果。外语教师需要具备基本的技术素养，同时也需要具备创新的教学理念，这样才能更好地利用现代教育技术，开展有质量的教学活动。

在现代教育环境中，外语教师需要掌握多样的教育技术。这包括但不限于运用幻灯机、投影仪、计算机等现代教育技术设备，将教学内容以多媒体课件的形式展现给学生。同时，教师也需要具备获取和应用网络信息服务于教学的能力，以便充分利用网络资源编写教案，甚至进行教学科研活动。幻灯机、投影仪、计算机等现代教育技术设备的运用，能够让教学内容更加生动，更具吸引力。多媒体课件能将声音、图像、动画、字幕等多种元素集合在一起，使教学内容更为丰富和多元。这对于提高学生的学习兴趣和学习效率有着重要的作用。为了制作出高质量的多媒体课件，教师需要掌握相关的技能和技巧，如图像处理、音频编辑、动画制作等。

五、获取资源和信息的能力

信息化时代，教师获取资源和信息的能力得到了前所未有的重视。这种能力既有助于丰富课堂教学内容，满足课程开发的需求，实现课程教学目标，也能够增强教师的探究和解决问题的能力，使教师在教育教学实践中立足，开展教育教学研究。增强教师获取资源和信息的能力意味着教师能够寻找、评估、整合和使用各类信息和资源，从而提升教学效果，实现教学目标。这对于满足不同学生的学习需求，灵活调整教学内容，提高教学效率等方面都有着重要的作用。信息化技术的利用还能让教师更好地满足课程开发的需求。教师可以利用丰富的教育资源，制订出更加个性化、更符合学生需求的课程计划。这样的课程既能够激发学生的学习兴趣，也能使他们获得更全面的知识和技能。掌握获取资源和信息的能力也有助于教师更好地开展教育研究。教师可以更快地获取最新的教育理念和方法，及时调整教学策略，使教育教学更加符合时代要求。

由此可见，在信息化时代，提升教师获取资源和信息的能力，将成为提高教学质量，满足学生需求，推进教育教学研究的重要手段。

在教育领域，教师所扮演的角色已超越了传统的教学者，同时扮演着课程设计者和教育改革者的角色。在这些角色中，获取课程资源和信息的能力对于教师来说至关重要。课程资源是新一轮国家基础教育课程改革中提出的一个核心概念。它是一种多元化的教育资源，包括物质条件和非物质条件，如教材、教具、环境、氛围等都被视为课程资源。这些资源的获取和使用，有助于教师实现课程目标，发展学生的综合语言运用能力，也能提升教师的综合素质。提升获取课程资源和信息的能力的目的主要表现在两个方面。一方面，它能够推动教育发展和课程改革，更好地实现育人目标。只有掌握丰富的教育资源，教师才能够设计出符合学生需求、创新性强的课程，更好地实现教育的育人目标。在课程改革中，课程资源和信息的获取，可以帮助教师了解新的教育理念和策略，从而更好地适应和推进课程改革。另一方面，获取课程资源和信息的能力也是满足课程研究本身需要的一种技能。教师通过获取和整合教育资源，能够建立起规范有效的课程研究模式，这对于推动学校教育质量的提升具有重要的作用。此外，教师也可以根据学校和学生的实际情况，利用已有的教育资源进行二次开发，从中创新课程内容，打造出具有学校特色的课程体系。

在当今信息化社会的教育环境中，中小学外语教师需要在多个方面培养获取资源和信息的能力（见图 4-2）。

图 4-2　中小学外语教师培养获取资源和信息能力的几个方面

第一，筛选与鉴别信息。当今时代，面对浩如烟海的网络资源，教师需要筛选出能实现教育目标、满足学生需求、符合自身教学水平的课程资源。这就要求教师应具有一定的资源鉴别能力，能够挑选出具有实质教学价值的信息，从而最大限度地优化教学效果。这不仅要求教师熟悉教学理念和教育目标，了解学生的需求，也需要教师对自己的教学水平有着准确的自我认识。

第二，收集与处理信息。如何获取最新、最准确的教育信息，如何从大量的信息中提炼出有用的教育资源，这都需要教师掌握一定的信息收集和处理技能。这涉及调查、考察、文献检索、测量、实验等各种信息获取的方式，也涉及统计、整理、分析资料的技巧。对于教师来说，这些技能能够增强他们在信息化教学环境中的竞争力。

第三，课程资源的整合。教师需要能够将各种教学资源与课程内容进行有机的融合，实现教学目标，完成教学任务。这不仅需要教师有足够的教育资源储备，更需要他们具备高水平的教学设计和实施能力。

第四，探究与解决问题。在课程资源的开发过程中，总会出现一些问题和难点，当遇到这种情况时，教师需要有探究精神，不断开发新的课程资源，提高自身的问题解决能力。这种能力不仅能够促使教师在面对教学问题时有所作为，更能帮助教师在教育实践中发现新的问题，提出新的解决方案，从而推动教育的进步。

第五章 中小学外语教师专业发展的内容与阶段

第一节 中小学外语教师发展的内容

一、专业精神

对"专业精神"的理解在各个领域中呈现出多样性。其中比较有代表性的理解有三种：第一，专业精神是一种特殊的信仰与道德标准，是从事某一专业工作所必需的。专业精神的含义在于专业人员对工作领域的尊重，尤其是对专业知识的尊重，并且专业人员应当具备坚持道德标准的能力。第二，关注专业精神在实际工作中的体现。持此种观点的人相信，每个人在工作时都会以某种方式投入其中，表现出专业精神。在他们看来，专业精神并不仅仅限于对工作的热爱，也包括对工作的尊重，对任务的主动担当，对服务的热情投入，以及对研究的专注等。第三，将专业精神理解为对教育事业的执着热爱和无私奉献。持此种观点的人认为教育是一项崇高的事业，对此，教师需要有持久的热情，乐于学习，乐于教学，而且要全心全意地献身于教育事业。

对中小学外语教师来说，专业精神的重要性不言而喻。教师的专业精神涉及教育的价值观和追求目标，而这些正是教育工作的根本指向。这种心理倾向将对教师的行为选择、执行方式，甚至结果产生深远影响。教育教学工作的特性，包括其长期性、复杂性、效果的内隐性和滞后性，这些都使教师专业并非仅仅是技术性的工作，它同样包含了丰富的理念性内容。在教育过程中，教师需要将自己的教育理念融入教学实践中，这不只需要教师具备专业知识和专业技能，更需要教师有坚定的信念和不屈的意志。教师专业应当更加强调专业精神。教师的专业精神不仅能推动教师专业水平的不断提升，也能促进师生的共同进步，更能帮助教师提升其在社会中的形象和地位。

教师专业精神的核心在于将教育理念转化为行动，并通过行动产生积极的教育效果。这种转化过程需要教师拥有坚定的信念，这种信念在教育的每一个环节中都能体现出来，无论是制订教学计划，还是进行课堂教学，或者是评价学生的学习情况，教师都需要用专业精神来指导自己的行为。同时，专业精神还表现为对教育崇高使命的追求，这种追求使教师能够不断提升自己的教育水平，以实现学生的全面发展。专业精神还体现在教师对学生的无私投入上。这种投入体现在教师对学生学习进度的关注上，体现在对学生个体差异的理解和接纳上，体现在对学生学习困难的帮助上。只有当教师真正关心每一个学生的学习和发展，才能实现教育的最高目标，即促进每个学生的全面发展。

（一）专业精神的特点

专业精神主要包含以下五个特点（见图 5-1）。

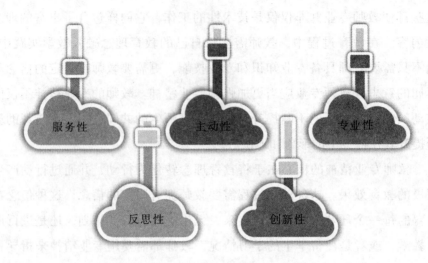

图 5-1　专业精神的特点

1. 服务性

这一特性在教师专业精神中表现得尤为明显。教师热爱自己的工作，热爱自己的学生，乐于从事外语教育教学工作。他们会始终站在学生的角度思考问题，从学生的需求出发，全心全意地为学生服务，尽力满足学生的合理需求。这种服务性的专业精神不仅表现在教学过程中，也体现在日常生活中。教师总是去设法理解学生，理解他们的困难，找到解决问题的办法，并以此来帮助学生达到学习目标。

2. 主动性

在教育领域中，教师必须以积极、主动的态度对待自己的工作。教师具有一种兢兢业业、锲而不舍和无私奉献的专业精神，他们以高度的责任感对待自己的工作，并通过工作实现自己的人生价值。这种主动性表现在教师对教学工作的热情上，他们会积极寻找新的教学方法，主动适应新的教学环境，不断提高自己的教学质量。

3. 专业性

外语教师是社会中不可或缺和不可替代的一种专业。作为专业人员，教师需要接受专门的训练，使他们不断丰富自己的专业知识，提高自己的教育教学能力。专业性是教师专业精神的基础，只有具备深厚的专业知识和强大的专业能力，教师才能有效地履行自己的职责，满足教育的需要。

4. 反思性

在教学过程中，教师需要具备一种自我批评的态度，敢于直视自己的不足，勇于否定过去的错误，进而实现自我超越。反思性让教师得以在教学实践中不断找出问题，找出改进之处，从而推动专业能力的提升。没有反思，专业的发展就会停滞不前，进步的步伐就会趋于缓慢。反思性是教师专业发展的推动力，是从经验中学习，从失败中吸取教训的必要条件。

5. 创新性

作为教育工作者，中小学外语教师需要具备创新精神，不能墨守成规，应勇于探索，以创新的教学方法满足学生多元的学习需求。创新性鼓励教师跳出传统的教学模式，以新的视角和方法看待教育问题，开创更有效的教学方式。这种精神让教师不断在实践中寻求教学的突破，推动教育教学的持续改进。创新性与高度的使命感相结合，能激发教师的教学热情，推动他们不断提升专业水平，更好地履行教育使命。

（二）中小学外语教师专业精神的具体体现

在教学实践中，教师的专业精神体现在教师对工作、对学生、对自我以及对教育事业的追求上，具体而言，则体现在他们的价值观、学生观和自我发展观方面。

1. 认知职业，形成正确的价值观

理解并接纳自身的职业，这不仅是对个人职业的认同，也塑造了教师的职业价值观。理解并接纳自身的职业，对于外语教师尤为重要。一名优秀的外语教师不仅需要热爱自己的工作，更需要秉持正确的价值观和世界观，并通过自己的工作来追求人生价值的实现。当一个层次的需求得到满足，人们就会寻求更高级别需求的满足。这一点不仅适用于人类的一般需求，也适用于特定职业的需求，如教师。外语教师的需求具有明显的特点，其需求比社会其他行业更为丰富。外语教师承载了教书育人的职责，不仅传授知识，还要帮助学生树立正确的道德和价值观。他们是人类文化优秀成果的传承者，肩负着继承和发展祖国文化和世界文化的重任。为了胜任这些职责，他们必须不断充实自己的精神世界，持续学习，提高和发展自己。

外语教师的任务是全方位地探索并采用有效的教育方法，以促使学生尽快成长。他们培养学生使用外语来获取信息、处理信息、分析问题和解决问题的能力，注重提高学生用外语进行思维和表达的能力，以及培养学生的自主性、探究精神和创新能力。为了达到这些目标，教师自身必须具备高度的主观能动性和创造性。外语教师的需求和他们的工作有着密切的联系。外语教师的需求不仅是为了自身的成长和发展，也是为了更好地履行自己的职责——教育下一代。外语教师的需求是多元化的，涵盖了知识、技能和精神层面，反映了他们的专业特性和职业使命。

2. 培养积极的工作态度，形成正确的学生观

专业精神是工作态度的体现。教师的工作态度直接受其需求的影响。当需求得到满足时，教师会形成积极的价值判断、情感取向和职业认同感，从而形成积极的工作态度。工作态度是一种隐含的心理状态，由认知、情感和意愿三个部分构成。学校评估教师的工作态度，主要是通过观察教师的语言、行为和情感来实现。这些可以直接从教师的行为表现中获得，也可以通过其间接的行为来推断。教师的积极工作态度主要体现在以下三个方面。

第一，在教育过程中，教师对学生的尊重、理解和关爱是教师工作态度的重要体现。他们需要以平等、关爱的态度对待每一位性格、心理和成长环境各不相同的学生。

第二，在教育工作中，外语教师的语言选择反映了他们对工作和学生的态度。课堂教学是教师与学生交流的主要场所，教师的语言内容和

语调在这里得到了全面展示。他们用语言表达尊重，激发兴趣，给予同情，表示喜欢，或者发出鼓励，这些都是他们工作态度的直接体现。尊重是一种基本的人际交往态度，也是教师应具备的素质。教师通过语言表达尊重，是他们在实践中实现对学生尊重的有效手段。他们平等、公正地对待每一个学生，认可每个学生的独特性，这体现了他们的专业精神。

第三，教师的工作态度也可以从其行为中表现出来。对于外语教师来说，他们的教学态度是通过教学行为展现出来的。这种展现的方式包括许多方面，例如，在备课阶段的精心设计，在教学过程中如何以正确的态度和情绪面对学生，如何运用有效的方式引导和帮助学生，激发他们的学习兴趣等。

为了使学生能够在学习中产生共鸣，教师需要根据学生的需求和教学情境来调整自己的教学方式。他们需要有效地管理和组织课堂教学，使之能够满足学生的需求，提高教学效率。同时，教师还需要将课堂教学扩展到课外活动中，以增强学生的语言运用能力。此外，通过检查学生的语言输出活动和批改作业，教师可以评估教学效果，以便进一步优化教学方法。教师对学生的发展需要有合理且到位的评价。他们应该了解学生的学习状况，并以此为依据提供反馈，推动学生的进步。教师的总体工作态度是可以从其行为表现中反映出来的。他们的行为和工作方法都会反映出他们的教学态度，这对于教学效果有着直接的影响。

教师的情感也是表现其教学态度的重要因素。面对新的课程改革工作，教师会选择保守还是改革，都是其教学态度的体现。同样，他们对学生的热情和关心程度也是教师工作态度的具体表现。一位优秀的教师，应该在教学过程中持续保持对学生的热情和关心，不断改进教学方法，以提高教学质量。

3.强化自我意识，树立正确的自我发展观

专业精神，通常被理解为对所从事的工作投入无尽的热忱，持续进行研究，并不断对每个细节进行优化的态度。在已有知识的基础上，专业精神还表现为不断学习与创新，表现为对卓越的追求。这一点对于教师来说尤为重要，因为他们需要有自我更新的意识和终身学习的思想。自我意识指的是一个人对自己的感知，包括对自己生理、心理、行为以及自我与外部环境关系的理解和评估。简单来说，就是个体对自我的看法。自我意识是人格的核心部分，对于教师来说，其情感品质的培养实质上就是教师内心的自我教育过程。

教师的专业发展应该是自我驱动的、内在的。所有的外在影响都必须通过教师的内在因素才能发挥作用。因此，教师具有自主发展的意识，主动寻求专业发展，这是实现其专业发展的关键。无论是在教学方法，还是在个人素质的提升上，教师都需要具备持续进步的热忱和动力。专业精神要求教师在教学工作中不断求新求变，持续学习新的知识和技能，不断对教学方法进行优化，以此提高教学质量。这种精神驱使教师不断超越自我，寻求卓越的教学效果。同时，教师还需要拥有自我更新的意识，通过反思自我行为，对自身进行评价和改善，从而实现个人成长和专业发展。

理论学习、教育实践以及优秀教师和优秀课例的启示，都需通过教师的自我教育方能产生实质效果。对于一个相对成熟的外语教师而言，他或她肯定拥有一个相对完善的自我发展机制。这种机制的形成离不开环境的支持，更离不开教师的自我发展和自我完善。这种内在的自我发展机制使教师能够充分利用环境以及各种有利条件，从而形成可持续发展的能力。一个优秀的中小学外语教师，其内在的自我发展机制最初展现在其自我专业发展意识上。这是一个重要的因素，它影响着教师的专业发展。有着强烈自我专业发展意识的教师，关注自己的专业发展，这种关注使他们容易成为追求自我更新的教师，成为实践教师专业发展的行动者。

教师的职业旅程可视为一段持续性的学习、进修和提高的过程，它构成了实现教师专业发展的途径，糅合了职前培养和职后培训的整体化过程。在职前教育阶段，教师开始形成基础的职业能力。然而，当教师步入职场后，往往会被日常工作的琐事、肤浅的教学评价标准以及升职压力等问题困扰，导致他们无法花费足够的精力反思如何提高课堂教学效果。这不仅可能导致教学过程重复和低效，也可能妨碍教师在新课程改革背景下的有效教学。

所以，教师在日常教学中需要不断提升职业能力，使得这种能力能随着教育理论和教学实践的发展而进步，全面掌握学科专业知识。职前教育只是教师发展旅程的起始，但随着教师的实践经验的积累和教育理念的深化，他们的职业能力和教学技巧也将得到进一步提升。

二、专业知识

（一）中小学外语教师知识的取向与分类

当国际外语界于 20 世纪 80 年代开始重视第二语言教师的教育与发展问题时，对外语教师知识结构的研究也迅速增加。研究者通过对专家教师和新手教师的比较研究，找寻专家教师所具备的知识特征和结构。李·舒尔曼（LeeS.Shulman）是这一研究领域的代表性人物，他指出专家教师的知识结构至少需要涵盖七个方面：教材内容知识，通用教育学知识，学科教学法知识，课程知识，学生及其学习特点的知识，教育情境知识，以及教育目的与价值的知识。从知识的功能出发，研究语言习得理论，学科知识，教学实践，教师个人理论，课堂决策与推理，以及对环境的理解等知识。侧重研究知识来源，澄清知识发展的途径，揭示知识随着教师自身发展而变化完善的过程。教师的知识并不是一成不变的，它会随着教师的经验积累，随着教师对教育的深入理解，以及对教学方法的探索等多元因素而不断丰富和完善；侧重研究实践知识，即教师在实践中体验、运用不同的教学方法，并在批判反思中整合，开发和运用知识。实践知识强调教师在实际教学过程中的经验积累，鼓励教师进行行动研究，基于课堂教学情境修正和改变行为。

自 20 世纪 90 年代起，我国开始关注外语教师所需的知识素质，主要是从专业素质的角度来探讨其知识结构。除应具备的语言知识、语言学和外语习得理论知识，外语教师还需要具备心理学和教育学的知识，同时要具有高尚的品德，较强的科研实力，外向的个性和健全的身心，教学组织和实施的能力，善良的品格，鲜明的个性，以及一定的外语教学法知识等。他们需要根据教育规则，知识的内在规则，以及学生的年龄和心理发展规则，整合各种知识和信息，更新教学内容，研究和改进教学方法，了解学生，优化课堂学习环境，提供学生运用外语的机会。

外语教师知识的研究如果仅限于教师应该具备哪些知识，而忽视了教师在专业成长过程中和具体教学实践中构建的知识，那么，对于一个教师是如何从合格走向优秀，从新手逐渐成为专家的问题，可能就无法做出充分的解释了。教师的发展历程，实际上是建立在复杂且多变的教育教学实践基础上的。对一个成熟的中小学外语教师来说，他可能可以清楚地解释自己采用的教育理论是什么，却无法明确地说出其是如何运用的、为什么要这样运用等问题。这是因为在教学过程中，教师往往会依靠自己的直觉和实践经验。这种实践经验知识在教学中的运用，通常处于隐蔽的状态，是区分专家教师和新手教师的关键因素，同时也具有强烈的个体性特征。在研究教师专业发展的知识基础时，不能只将目光聚焦在理论知识上。参与实践并因此积累和不断丰富的实践性知识也是重要的研究对象。因此，外语教师的专业知识是由外语学科知识、外语教育知识与外语学科教学知识构成的。

（二）中小学外语教师知识的构成

外语教师的知识体系可以划分为三个基本的部分：外语学科知识、外语教育专业知识和外语学科教学知识。这三者都是外语教师专业素质的重要组成部分，它们在教师的专业发展中既有各自的独立地位，又存在着密切的联系。

外语学科知识，作为教师的基本素养，是教师进行教学活动的基础。

外语学科知识体现了教师对外语的深入理解和熟练掌握，包括语言知识、文化知识等。这种知识可以通过教育机构的教授和学习获得。外语教育专业知识则涵盖了外语教学的基本原则、方法和策略等内容，是教师对教学活动的理论指导。这部分知识，既包括学科知识，也包括教育知识，它在教师的专业发展中起着关键的桥梁作用，是理论知识和实践活动之间的重要连接。知识的掌握并非只在于理论知识的传授和学习，还需要在实践中不断积累和总结。外语学科教学知识就是这种个体经验和实践性知识的体现，它包括教师的教学经验、教学感知和教学领悟等，同时也包括教师与同行之间的交流和合作。这种知识体现了教师的个性和创新，是教师的实践经验对学科知识和教育知识理解、运用和扩展的结果。

这三种知识类型相互补充，缺一不可。如果只重视外语学科知识和外语教育专业知识，而忽视了外语学科教学知识，那么教师在实际教学中可能会感到无所适从；反之，如果只侧重积累外语学科教学知识，而对外语学科知识和外语教育专业知识置之不理，那么教师在教学中可能会缺乏方向和深度。因此，只有全面掌握这三种知识，教师才能在复杂的教学环境中游刃有余，有效地引领学生的学习（见图5-2）。

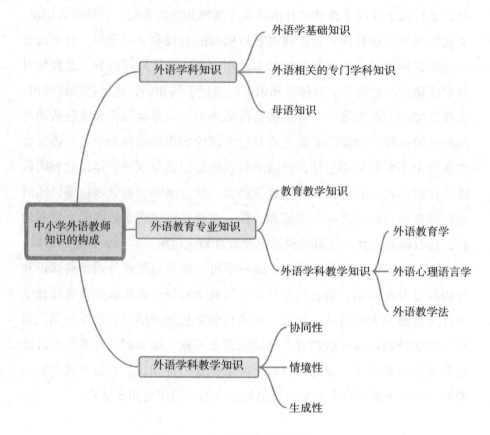

图 5-2 中小学外语教师知识的构成

1.外语学科知识

（1）外语学科知识是教师应当具备的基础，外语学科知识涵盖了语言的各个要素，包括语音、词汇、语法和语用知识，同时还包含了使用外语进行听、说、读、写、译的基础技能。这些基础知识的掌握为教师提供了一个坚实的平台，使他们能够有效地传授语言知识。然而，作为一位优秀的外语教师，仅仅拥有这些知识是不够的。教师还需要具备跨文化交际的知识。这种知识不仅包括对外语民族文化的理解，也包括对外语民族的价值观、社会规范和思维方式的理解。这些理解使教师有能力在教授语言的同时，还可以引导学生去体验和理解两种不同文化的差异，从而帮助学生进行有效的跨文化交流。外语教师必须具备良好的外语交际能力。在教学过程中，教师需要用外语进行有效的交际，引导学生进入语言环境，让他们在实际的交际环境中学习和使用外语。外语交际能力不仅是教师能够准确、流畅地使用外语的标志，也是教师能够成功完成教学任务，实现教学目标的关键。

（2）一个优秀的外语教师应该有足够的知识储备。除拥有扎实的语言知识，教师还应积累与外语相关的学科知识，如语言学、语用学、文体学、外语心理语言学和第二语言习得理论等。这些知识将帮助教师深入理解语言和语言交际能力的本质、特点和规律，并将这些理论知识应用于实践，进而帮助教师选择和使用最适合学生的教学方法。当然，语言教育的研究不能仅仅局限于语言本身，因为语言是社会的产物，是社会文化、历史、思想的载体。因此，教师应当广泛涉猎与语言相关的其他学科，如哲学、逻辑学、文艺学、历史学、社会学等。这些学科的理论框架和方法将帮助教师从不同的视角理解和分析语言，从而进一步提高他们的教学能力。教师的学科知识不仅对他们的教学有直接的影响，还能帮助他们更好地去处理信息，培养他们的批判性思维和创新能力。教师掌握了一定的人文科学知识之后，他们将能够在教学中引导学生理解和欣赏不同的文化，帮助学生开阔视野，建立全面的世界观。同时，教师也能够将这些知识应用于教学，为学生提供丰富、多元、深入的学习体验。

（3）母语对外语教师的重要性不容忽视。教师通过掌握自己的母语，可以更好地理解并教授外语。理解两种语言系统间的异同，对于教师而言，是一种有效的教学策略。通过多角度、多层次的对比，可以进一步深化教师和学生对外语的理解。掌握母语能帮助外语教师预判和识别学生在学习过程中可能遇到的困难，尤其是那些由母语引起的问题。教师可以采用适当的教学策略，帮助学生克服母语的干扰，处理好与外语文化的冲突。通过这种方式，教师可以引导学生有效地掌握外语，避免走弯路。

教师的母语知识也能让他们在教学中充分利用学生的母语资源，提供更丰富的学习材料和情境，使外语学习更接近实际，更有趣。只有深入理解母语和外语之间的联系和区别，教师才能更好地指导学生，帮助学生学习过程中取得更好的效果。

2. 外语教育专业知识

外语教育既是一门艺术，又是一门科学，它拥有自身的独特理论、方法和规律。外语教师扮演着教学活动的组织者、演示者、指导者和评价者等多重角色。这就要求他们不仅要具备扎实的学科知识，而且还需要掌握教育教学的基本规律，熟悉各种课堂教学方式和方法，理解外语教学的本质特征和实践原则。外语教师要利用各种学习活动，如联想、推理和归纳等思维活动，以及用英语分析问题和解决问题的思维活动，鼓励学生通过积极参与、体验、讨论、合作和探究，发展听、说、读、写的综合语言技能。外语教师的目标是培养学生综合运用外语的能力，增强他们的构建和创新能力。

外语教师还应灵活应对教学要求和学生的实际情况，对教材进行适当的删减或增补，以适应学生的需要和具体的学习情况，使教材更具针对性，更便于学生的学习和接受。这就要求外语教师必须具备外语学科教育知识。在这个背景下，外语教育专业知识的重要性就显得尤为突出。外语教育专业知识包括一般的教育教学知识，以及特定的外语学科教学知识，如外语教育学、外语心理语言学、外语教学法等。

3. 外语学科教学知识

（1）在教育实践中，教师的学科教学知识展现出鲜明的协同性。这意味着教师需要将所学的理论性知识内化为自己的个人知识。当人们学习前人的知识时，通常会基于自己的经验和信念进行理解、诠释和提炼，因此，所学习到的知识常常带有自我创新的特征。学习过程并不仅仅是信息的简单积累，更重要的是新旧知识、经验之间的碰撞，以及由此引发的认知结构的重组。学习并不仅仅是信息的输入、储存和提取，而是新旧知识和经验之间的双向互动，也就是学生与学习环境之间的交互过程。

　　一些拥有相似教育背景的外语教师，他们被分配在相同的教学环境中，教授相同的内容。然而，由于他们的信念、经验和认知水平的差异，他们在教学的重点、方法及课堂组织形式等方面都有所不同。这种情况揭示了认知过程中的"同化"和"顺应"需要达到某种相对的"平衡"。"平衡"是一种状态，也是一种过程，它不是绝对静止的，而是由较低水平的平衡不断向较高水平的平衡发展。个体的认知结构就是在"平衡—不平衡—新的平衡"的循环中得到不断的丰富、提高和发展。教师并不是简单地被动接收信息，而是主动地构建知识的意义。他们需要根据自己的经验背景，对外部信息进行选择、加工和处理，以此来获得自己的理解和认识。这种建构过程是无法由他人代替的。外部信息的意义是学生通过新旧知识及经验之间反复的、双向的互动过程建构出来的。每个学生都会基于自己原有的知识经验，对新信息进行重新认识和编码，构建自己的理解和知识。

　　（2）学科教学知识具有情境性。外语教师的知识并不是以具体实体的形态独立存在，即便通过文本或其他媒介赋予其某种外在形态并得到普遍认同，学生对这些知识的理解也不会完全相同。学生对于知识的真正理解必须由学生自身基于个人的经验背景来建构，这是由特定情况下的学习活动过程所决定的。知识不能绝对精确地概括世界的规则，也无法提供适用于所有活动或解决问题的万能方法。在解决具体问题时，知识无法做到一蹴即至，总是需要根据具体情境对原有知识进行再处理和再创新。由此可见，实现教育知识的内化，也就是将知识由抽象转变为具体，由理论转化为实践，是教师进一步建构个人教育知识的基础。没有理论性知识的内化，教师便无法有效地建构教育知识。

　　（3）人类的认知结构具备生成性，这为学科教学知识的不断生产和创新提供了可能性。学科教学知识并不是一成不变、静态或预设的，反而是动态、不断产生和建构的。此种知识的形成和发展依赖教师对于学科内容知识和基础教育教学法知识的深入理解及其在教学实践中的反思。在特定的外语课堂教学活动中，外语教师对教授的知识进行主动建构或转化，形成了外语学科教学知识。这个知识同时在外语教师与学生、教材、教学情境等元素进行互动的过程中发展壮大。这个过程描绘了从静态的知识到动态的认知的转变。这种学科教学认识是教师对教学方法、学科内容、学习特征和学习情境四个元素的综合理解，这个理解是动态产生、建构的，并一直在发展过程中。外语教师的实践性知识建构并不仅仅是外部理论性知识及其结构向外语教师个人内部的简单移植。反之，这是一个以教师原有的经验、心理结构为基础的个人知识建构过程，是多种观点的融合。实践知识的建构是内化与外化、生成与整合的过程，同时也是继承与创新的统一。

三、专业能力

（一）专业能力的界定

知识是对经验的总结，具有静态的特征。技能则是对一系列行为方式的概括，涉及行动或活动，具有动态的特征。能力是对思想材料的提炼，是教学知识和教学技能的有机融合，而其核心是主体形成的素质。因此，教学知识和教学技能是形成教学能力的基础，而教学实践是知识和教学技能内化为教学能力的关键环节。

教师的教学能力是一个多元化的构成，不仅仅是由教学知识和教学技能组成，还受到其他多种因素的影响，可以用"教师专业能力 = 教学知识 + 教学技能 + X"这个公式来表示。在这个公式中，"X"代表了除教学知识和教学技能外，对教学能力提升有影响的其他因素，如教师的情感态度、教育理念、教学风格等。

一个教师只有拥有合理的知识和技能结构，才能形成较高的教学能力。然而，教学知识和教学技能并不能单独地提升教学能力。从教学知识和教学技能之间的关系可以看出，只有在一定条件下，教学能力才会随着教学技能的熟练和更新及教学知识的丰富和更新而提高。换句话说，教学能力的提升是教学知识和教学技能协同发展的结果，而不是单方面提高的结果。

（二）专业知识、技能、能力三者的关系

专业知识是一切技能和能力的基础。无论是语言表达、非语言表达、选择和运用教学媒体、呈现教材、课堂组织管理，还是教学评价，教师的各种教学技能，都离不开专业知识的支持。教学专业知识可以为教师提供教学活动的方向，并直接影响教学活动的效果。教师掌握的教学知识程度，是教师教学能力水平的重要表现。因此，从某种角度来说，专业知识是教师教学能力的基础和保障。技能是专业知识应用的实际表现。技能是知识的实践和运用，是知识在特定环境下的应用和解决问题的方式。技能通常需要通过实践来获得和提升，例如，在教学过程中，教师通过反复运用外语教学技能，使技能达到下意识的程度，从而转化为隐性的知识。能力是多种技能的有机组合。能力是指在特定情境下，使用相关知识和技能来解决问题和完成任务的整体性能力。能力是一种更高层次的、包含多种技能的综合能力。例如，教学能力是教师利用专业知识，结合多种教学技能，综合运用在教学实践中的能力。

专业知识、技能和能力的关系可以总结为专业知识是教学技能的基础，而教学技能是教学能力的关键。同时，教师通过学习和实践，不断把教学基础知识转化为隐性知识和技能，进一步通过多种技能的有机组合，结合所学相关知识，在教学实践中反复运用，最终形成高水平的教学能力。

（三）专业能力的三个维度

从某种意义上来说，教师教学能力的更新和提高已经成为提高学校教学水平和质量及推进教育整体改革必须面对的问题。

在中国，研究者对于外语教师能力结构的研究主要集中在教法和学法，以及教师所拥有的知识能力和需要具备的专业素质和素养等方面。相比之下，关于中小学外语教师能力动态发展的研究相对较少。这可能是由于中小学外语教师面临的教学环境和挑战与大学或其他教育阶段的教师有所不同。随着课程标准的实施和深化，中小学外语教师的角色发生了变化。他们不再仅仅是知识的传递者，而更多地成为引导者和促进者。为了适应这种角色的转变，外语教师必须更新教学观念，提高教学知识和技能，转变教学行为，以适应并推动新的课程改革。

在新的课程标准下，中小学外语教师的能力结构需要进行进一步探索和解读。据此，可以从基本能力、教学能力和扩展能力三个维度来构建新时代下的外语教师能力（见图5-3）。

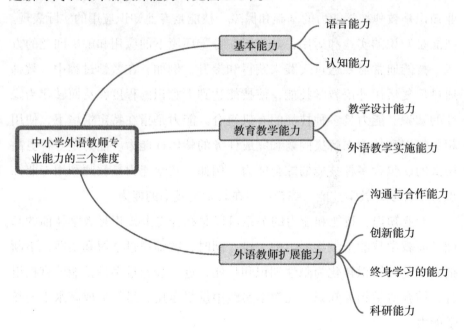

图 5-3 中小学外语教师专业能力的三个维度

1.基本能力

外语教师应该具备的最基本的能力，主要包括教师的语言能力、认知能力等。

（1）语言能力。语言能力对于外语教师的重要性不言而喻。在外语教学中，教师的语言起到了双重作用：一方面，它是教师执行教学计划、组织课堂管理、与学生互动的工具；另一方面，它也是学生学习语言的重要来源。外语教师的语言能力直接影响着学生的语言习得过程，这在教学过程中起着至关重要的作用。

中小学外语教师的语言在组织和管理课堂教学中扮演的角色有以下几个特征。其一，教师的语言具有示范性。外语教师需要确保他们的语音准确、语调自然、表达流畅、言简意赅，他们的语言应当富有激情，表达生动，而不是单调地重复。其二，教师的语言具有交际性。作为一种交流工具，外语教师需要为学生提供更多的机会进行交流，包括教师与学生、学生与学生之间的交流，而不仅仅是传递知识。这就要求教师在课堂时间有限的情况下，为学生提供尽可能多的发言机会，控制自己的话语量，增加学生的话语时间。其三，教师的语言具有感情性。教师的语言不仅是示范和交流的媒介，也是饱含情感的符号系统。在教师与学生的感情交流中，教师应当用自己充满情感、热情昂扬、激励人心的教学话语去影响、启发和感染那些常处于被动状态的学生。

（2）认知能力。在教学过程中，外语教师的认知能力得到形成、提升和展示，其主要包括规划（选择认知策略和分配资源）、监督（个人对自己的认知活动和情境认知的理解）和评估（个体对自己认知活动的效率和结果的评价）这三项技能。简而言之，教师认知能力是教师在语言教学和学习观念上的能力，它是影响学生的教育信仰，并通过这种信仰来辅助学生进行有效学习的一种能力。教师认知能力研究的主要问题包括教师的知识结构、课堂教学决策、选择能力和思维方式等。

教学活动无疑是一场涵盖多个层次的认知过程。这不仅涉及如何设定教学目标，而且需要考虑教学方法、教学内容和教材的选择。教师在这个过程中需要灵活运用这些元素，制定合适的教学策略。同时，他们也需要对学生和教学环境有深入的了解，这样才能够提供最符合实际需要的教学活动。为了有效地完成教学活动，外语教师需要主动地监督和控制这个过程。他们需要自我调节，随时准备采取必要的补救措施以解决教学过程中可能出现的各种问题。这一点在任何教学环境中都是至关重要的，尤其是在复杂多变的课堂环境中。在这样的环境下，教师需要迅速适应变化，立即做出适应性的反应。如果教师无法做到这一点，他们的思维可能会混乱，反应可能会迟钝，这不仅会对教学过程产生负面影响，也可能影响他们的决策能力。因此，教师需要具备开阔的思维，他们需要从各种角度和方面来思考问题，使用多种方法来理解和解决问题。这种思维方式对于教师来说尤为重要，因为他们面对的是年轻的学生。这些学生可能会提出各种各样的问题，他们的思维活跃，问题多样。为了有效应对这些问题，教师需要具备广博的知识和开阔的视野。只有这样，他们才能在任何时候都能够迎接挑战，满足学生的学习需求。相反，如果教师的知识停滞不前，思路狭窄，他们可能无法应对活跃的学生。在这种情况下，教师可能无法满足学生的学习需求，也可能无法实现教学目标。

2. 教育教学能力

（1）教学设计能力。教学设计是教师在进行课程组织和设计课堂活动时的关键步骤。它可以被视为一种精心制定的指南，帮助教师提升教学效率，保障教学品质。一个优秀的教学设计必须基于教师对教材的深入理解和对学生需求的全面掌握，这项任务需要教师具备出色的心智技能，包括深入的思考和精细的策划。

在设计教学内容时，教师需要考虑各个方面的因素。学科内容是一个重要的组成部分，教师需要深入理解学科内容，确保他们的教学设计和学科内容紧密相连。教师还需要思考学生的认知能力、学习过程、兴趣和学习策略，这样才能设计出真正符合学生需求的教学活动。在不同的教学环境中，教师需要合理选择学生可以接受的教学方法和策略，这是教学设计的另一个关键部分。根据所教内容的不同，教师需要灵活运用不同的教学方法和策略，使之与教学内容和学生的学习兴趣相结合。此外，教学设计还应考虑如何将语言教学和非语言教学有机结合起来。语言教学主要包括语言知识和技能的教授，而非语言教学则包括情感、策略和文化等因素。一个优秀的教学设计往往需要将这两个方面有机结合起来，让学生在学习语言知识和技能的同时，也能学习到情感、策略和文化等重要的非语言知识。

下面将围绕选择学习内容、确定教学目标、考虑教学策略、建构教学过程四个基本要素进行分析。

选择学习内容：教学内容不仅是教学过程的核心环节，也是实现教学目标的基本保障。无论是理论还是实践，正确和适当的教学内容都具有至关重要的意义。有效的教学需要教师有针对性、有步骤性地展示特定教学内容，让学生更深入地理解并掌握所学知识。对于教师来说，明确教学内容并不仅仅是知识的传递，更是通过教学内容来确定课程的类型和结构。教师呈现教材内容的过程需要充分考虑学生的需求和理解水平。对于全套教材的指导思想、编排意图和主要内容，教师需要有完整的理解和认识，这样才能根据学生的具体情况来进行教材的选择。在必要的情况下，教师甚至需要对教材进行删减、增加或整合，以满足学生的需求。

确定教学目标：教学目标作为教学设计的基石，是教学活动的起点和终点，是学生学习的明确指南，也是教学成效的检验标准。它的确立需要基于对学生需求的深入分析，以及对教学内容的充分了解。只有在清晰明确的教学目标指引下，教学设计才能有的放矢，精准击中学生的学习需求。确定教学目标的过程需要将大目标分解细化到每一个教学环节，使教学过程中的每个小目标都具备可观察和评价的特性。这样的细化过程可以确保每个教学环节的目标都得到实现，从而保证最终的教学目标的达成。这是教学设计的核心问题，其涉及教学的实质，会直接影响教学的效果。教学目标的编制要求具有明确性，其中包括两个标准。

一是能够表现出可观察的学习结果，二是能明确反映出检测结果的标准。只有如此，才能确保教学目标能准确无误地传达给学生，学生才能清楚地知道自己应该学习什么，应该达到什么样的学习效果。设计教学目标时，教师需要考虑一些重要的因素。其中包括确定实现教学目标的具体方法、内容、活动等。同时，活动的设计也必须与目标紧密相关。课堂上的每一项活动都应围绕教学目标进行，只有这样，教学活动才能真正发挥其应有的作用，否则就可能会沦为为了活动而活动，失去了其应有的教学意义。

考虑教学策略：教学策略关乎教师如何施教和学生如何学习。这涉及如何引领学生进入学习内容，如何通过不同的语言技能将知识输入学生的大脑中，如何让学生在听、说、读、写的过程中加深对语言的理解并最终流畅地输出语言。学生如何学习，是听课、独立学习、合作学习还是探索性学习，以及何种学习方式最有效，这些都需要教师根据实际情况来具体安排教学活动。设计教学活动时，只有充分考虑学生的学习方式、兴趣和特性，遵循学生的心理学习规律，才能真正有效地促进学生的学习。这意味着，教学活动的设计并非只关注教学内容，而是需要根据学生的个性化需求，创设出有利于他们吸收和理解知识的学习环境。在教学方法的选择上，教师不能脱离实际，而需要依据具体的教学目标、内容及学生的实际情况进行选择。此外，了解各种教学法的流派，掌握其特点、优缺点也是教师选择教学方法时需要考虑的因素。这样的整体把握和全面考虑才能使选择的教学方法更为科学、合理。

建构教学过程：教学过程作为课堂教学的主旋律，需要教师精心设计一系列课堂教学活动。这些活动应该由浅到深，由简单到复杂，由复习、引导、语言输入、语言巩固到语言应用逐步推进，让学生在教师与学生、学生与学生的互动中培养用英语获取信息、处理信息，用英语思考问题、发现问题和解决问题的综合能力。为了实现这样的教学过程，教师需要对整个课堂教学的过程和环节进行全面构思，并根据这种构思科学合理地分配和使用课堂教学时间。这不仅要求教师有良好的时间管理能力，还要求教师能准确把握教学的节奏，确保每一个教学环节都能有效地推进学生的学习。

教师还需要对巩固练习和习题进行层次设计，以适应学生不同的学习水平和需求。这就要求教师能够充分理解和掌握学生的学习情况，针对学生的具体情况设计出不同难度的练习和习题，以达到最好的教学效果。

（2）外语教学实施能力。教学实施作为教学设计与实际课堂之间的桥梁，是将教学目标和内容实际化、具体化的过程。与工程实施不同，教学实施并不是一成不变、丝毫不差的，而是要求教师能够根据实际的教学情况和学生需求，灵活调整教学内容和教学方法，做到随机应变，有针对性地组织和实施教学活动。这样的过程对教师的专业素养和教学能力提出了很高的要求。在教学实施过程中，教师需要运用自己的外语专业知识来指导教学行为。这不仅包括对外语语言本身的理解和掌握，也包括对外语教学理论和方法的了解和熟练运用。在没有理论知识支持的情况下，教师还需要依靠自己的教学经验，发挥自己的智慧，设计和组织教学活动，从而实现教学目标。

教师还应具备一定的教学技能，包括语言技能、课堂教学组织管理技能、教学互动决策技能和形成性评价技能。这些技能既包括对教学内容的处理，如语言的导入、输入、巩固和输出，也包括对教学活动的组织和管理，如教师的话语、板书、多媒体的使用等。

下面主要就课堂语言组织能力、课堂提问能力、课堂教学组织管理能力、教学互动决策能力、教学评价能力几方面的专业技能进行分析。

课堂语言组织能力：外语教师的话语是教学行为的重要组成部分，不仅包括呈现语言知识和进行语言训练，也涵盖了对课堂组织和交际活动的调控。教师的话语既能组织课堂，也有助于学生的语言习得，是学生语言输入的重要途径。教师话语的特点包括交际性和非交际性。教师在课堂上既是管理者，也是对话者，其话语的使用会对学生的语言输出产生积极或消极的影响。

课堂提问能力：教师的提问是课堂话语中重要的部分，具有组织、反馈、启发和激励的语用功能。它可以引起学生的注意，激发参与热情，了解学生学习情况并调整教学行为。从提问形式来看，提问可以分为一般疑问句、特殊疑问句等类型。而从回答形式来看，提问可以被划分为展示式和参阅式两种，前者的目的是检测学生学习情况，是浅层次问题；后者则是开放的，目的是获得信息，属于深层次问题。

课堂教学组织管理能力：课堂教学的组织管理能力是一个必备的教学技能，它决定了教师如何对课堂上的各种活动进行合理的安排和协调。这种能力要求教师掌握如何有效地引导课程，如何制定一个紧凑、有序的课程安排，以及如何引导学生全面理解课程内容的方法。优秀的外语教师会展现出高效的课堂管理技巧，他们对课堂管理原则了如指掌，使课程的过渡水到渠成，能有效地利用课堂时间，耐心倾听学生的答案，并确保教学活动的流畅进行。此外，他们还会运用各种教学工具和方法来推动学生完成各种学习任务。

教学互动决策能力：中小学外语教师在教学设计的过程中需要考虑教学内容、学生和教学环境，但在教学过程中，教师需根据学生的反应和教学环境的变化来对设计进行相应的调整，这就是教学互动决策技能。有经验的教师能够灵活调整教学方式来满足学生的需求，从而提高教学效果。欠缺经验的教师可能会严格按照原先的教学设计执行，可能影响教学效果。因此，当教学情况与设计偏离时，及时调整的决策能力体现了教师的专业知识和教学综合能力。

教学评价能力：教学评价是英语课程中不可或缺的环节，也是达成课程目标的关键手段。评价主要涵盖对学生学业、课程内容及自身教学方法的评估。通过评价，教师可以对学生的学习效果做出判断，对课程内容的实施效果进行反馈，同时，也可以借此反思和改进自身的教学方法。在此基础上，教师需要具备学生学习评价能力、课程评价能力和自我教学评价能力。其中，本书特别关注对学生学业成就的形成性评价，其可以帮助教师了解学生的发展状况，反映教学质量，从而优化教学活动并推动师生共同进步。在实践中，评价不仅是作为教学反馈，更是一种激励学生，推动其发展的手段。评价方式不限于教师对学生的评价，还包括学生的自评和互评，且应该是实时的、动态的、灵活的。

3.外语教师扩展能力

（1）沟通与合作能力。传统的教学活动是一种单向度的活动，师生间的交流和沟通常常被忽视。在新的教育理念下，教师的角色已经发生了根本性的变化，他们不再仅仅是知识的传播者，而是成了引导者和协助者，他们需要启发学生，帮助他们在教师的引导下构建语言知识，发展语言能力。这种教学的核心主要表现为教师与学生间的沟通，需要教师与学生之间的交流和对话。无论是在内容的讲解、问题的提问，还是在解答学生的疑惑、指导学生学习的过程中，外语教师都需要展现出高水平的教学沟通能力。这种能力可以帮助教师更好地理解学生的需求，更有效地传达教学信息，以及更精准地引导学生的学习方向。

沟通能力是构成教师教学能力的关键要素之一，它包含了教师在教学过程中的对话能力、学习指导能力、课堂协调能力及合作交流能力。

对话能力：在中小学外语教学过程中，教师的教学对话能力发挥着至关重要的作用。这种对话是一种基于相互尊重、相互信任，以及平等的双向沟通和共同学习的活动。新的课程理念强调的是以学生为中心的互动教学，它要求教师在教学过程中更加重视与学生的沟通对话，而不仅仅是单纯的知识传授。教师需要通过对话来发展和培养每个学生的对话意识和对话能力。这不仅包括语言的交流，更包括思想的碰撞和共享，帮助学生培养创新精神，形成独立的思考习惯。在这个过程中，教师不仅要关注学生的发言，还要尊重他们的观点，鼓励他们自由表达，而不是仅仅集中在完成自己的教学任务上。

与教师的对话应能激发学生的学习兴趣，让他们在一个轻松愉快的环境中学习和掌握新的知识。为了实现这一点，教师与学生交流时，应将学生置于与教师平等的地位上，消除他们在交流中可能存在的恐惧和紧张情绪，鼓励他们敞开心扉与教师交谈。这种平等、开放的对话环境可以激发学生思考，也能鼓励他们主动表达自己的观点和想法。在这种环境中，教师和学生可以真正地进行沟通和互动，课堂也将因此变得生动有趣，充满活力。

学习指导能力：在中小学外语教学中，教师与学生的互动不仅仅局限于平等的对话交流，更包含着教师对学生学习过程的精细指导。如何学习是教师帮助学生实现独立学习的关键所在，而教师的职责就是掌握和熟悉各种有效的学习方法，理解学习过程中的关键环节，然后在教学过程中引导学生逐步理解并掌握这些方法和原则。教师的指导能力极为重要，他们需要通过有效的引导，帮助学生了解学习过程，理解并掌握学习方法，从而实现自主学习。在这个过程中，教师不仅要提供具体的学习策略，还要注意激发学生的学习兴趣，以提高学生的学习动力。除此之外，作为教师，还需要有意识地在学生中寻找并树立良好的学习榜样。优秀的学习方法和习惯是值得所有人学习的，教师可以通过总结、分享这些优秀的学习实践，引导更多的学生了解和接纳这些有效的学习方式，从而提升整体的学习效果。

课堂协调能力：在教学过程中，教师需要妥善处理和协调教学活动。尽管学生在各个方面都存在不同，使其都能集中精力参与教学，并在教师的引导下理解和掌握所教授的内容。这种协调工作对于实现真正的师生交流和沟通至关重要。

不同的学生具有不同的个性和学习方式，因此，要保证所有学生都能在学习时集中注意力并积极参与，就需要教师具备创建和维护有效的教学秩序的能力。教师不仅要注重课程内容的讲解，还要在课堂管理上下功夫，使学生能在一个有序、积极、充满合作氛围的环境中学习。建立这种教学秩序的关键在于教师的协调能力。这种协调能力的实现并不是在教学过程之外单独进行的，而是贯穿整个教学过程之中的。教师在教学中需要建立良好的课堂文化，这包括鼓励学生集中注意力，进行深入思考，积极发言，以及参与讨论。通过这些努力，教师可以营造出一个轻松愉快的教学氛围，从而保持和提高学生的学习积极性和主动性。

合作交流能力：中小学外语教师的合作交流能力涵盖了教师在处理与集体、同事、家长等多方面关系的能力，这在教育教学工作中至关重要。从微观角度来看，教师的工作是一种个体式的脑力劳动，他们独立进行备课、授课、布置和批改作业，组织课外活动，检查和评定学业成绩，以及开展每节课的教学活动。从更广阔的视角来看，教育是一项极其复杂的系统工程。在现代社会中，一个人的成长需要社会的多方面、多角度、全方位立体交叉式的教育。身为社会的一员，中小学外语教师需要与各种人打交道，然而他们的职业特性决定了他们主要的合作对象是学生、其他教师和家长。因此，教师需要建立和维护和谐、融洽的人际关系，获得他人的尊重和群体的接纳。这样，教师才能在职业生涯中找到认同感和归属感。

对中小学外语教师来说，合作交流能力涉及与学生的合作、与同事的合作、与领导的合作。

与学生的合作：师生关系是教学过程中最基本且最重要的人际关系。教师每天与学生进行互动，良好的师生关系能够激发双方的积极性和创造力。生动活泼的互动教学氛围能够加速师生间的信息交流，使教师更好地完成教学任务。在与学生的合作中，教师需要坚持平等、公正和客观的原则，以肯定评价为主，鼓励学生发展。理解和关心学生，尊重他们的人格和权利，维护他们的自尊心。教师需要以身作则，注意自己的言行对学生发展的影响。

与同事的合作：在与同事的合作中，教师与教师之间应强调尊重与理解，保持宽容之心。所有的交往和互动，无论是信息共享、相互支持，还是协作配合，教师与教师之间都应坚持以诚待人，平等互助的原则。这样的合作关系才能够帮助教师共同成长，共同发展。

与领导的合作：在与领导的互动中，教师应始终尊重领导，维护他们的权威和尊严，这样才能赢得领导的好感和信任。同时，教师要服从领导的决策和工作安排。教师需要以大局为重，全力支持领导，积极完成领导交付的任务，而且在执行过程中，更需要融入自己的创新思考。

（2）创新能力。在21世纪，我国教育追求的基本目标之一就是实施创新教育，这意味着教师必须具备创新能力，因为教师的创新意识和能力对于学生的创新精神和能力培养有着直接影响。对于中小学的外语教师来说，实施创新教育就需要在教学中将创新意识、创新精神和创新能力的培养融入其中，从而全面提升学生的主体性和创造性。掌握一种外语不仅仅是学习语言知识和技能的过程，更是对世界和思维方式的探索过程。在这个过程中，创新意识和能力显得尤为重要。如何将平凡乏味的英语学习转变成生动有趣的学习过程，使每一个学生都有所进步和发展，这就需要教师进行创新性的思考和研究。教师在教学中，需要做的不仅是对语言知识和技能的传授，更要引导学生进行知识构建和能力发展。

当教师开始注重学生的主动性和积极性，发掘学生的潜能，引导学生进行独立思考，进行探究性的学习时，教学就不再是单纯的知识灌输，而是一种全新的教育方式，这就是创新教育。在这样的教学过程中，教师不仅要注重语言知识的教学，更要关注学生整体素质的提升，包括思维能力的训练，品质品格的塑造。此外，教师还需要鼓励和引导学生进行自主学习，养成良好的学习习惯，培养团队合作的能力。这样的教育方式，无疑将更有利于学生的全面发展，不仅有利于学生掌握知识，还能够培养他们的创新精神和能力，有助于他们在未来的生活和工作中，更好地应对各种挑战。

（3）终身学习的能力。如今，科技创新和经济发展飞快，人们生活在一个充满各种信息的环境中，无论是学生还是工作人员，都需要有终身学习的观念。特别是对于语言教师来说，语言的发展与世界文化息息相关，使用外语使不同文化、不同民族之间的人可以互相交流，因此，对于外语教师而言，他们面对的是一个永远都在发展的学科。语言教师的终身学习能力对于他们自身的发展和对学生的教育都有着重大的影响。对于教师而言，他们不仅需要掌握专业的知识，还需要了解新的教育理念和方法，了解不断更新的信息技术，以保证自己能够跟上社会的步伐，提供最优质的教学服务。更重要的是，作为教师，他们需要通过自身的行为，引导并鼓励学生养成终身学习的习惯，为他们未来的职业生涯和生活提供坚实的基础。为了提高自己的信息素养，外语教师需要通过各种途径来进行学习，例如，阅读专业书籍、参加线上和线下的研讨会、学习新的教育技术等。而且，他们还需要学会如何在信息化的世界中进行有效的学习，如如何查找和筛选信息、如何利用数字工具来进行自我学习等。

（4）科研能力。教师职业发展的轨迹就是不断吸纳新知识，提升专业技能的道路。在当前的教育环境下，中小学外语教师不仅需要担当新课程的执行者角色，还应展现出教学、科研、管理等多方面的能力，这也是现代社会对中小学外语教师的新期待。教学研究被广泛认可为提升教师素质的有效途径，同时也是推动教育改革，落实素质教育的基础保障。通过开展科研活动，外语教师有机会深入接触英语学科的最新知识，激发自我学习的热情，磨炼发现问题的技巧，同时也能进一步提升实践操作能力、创新思维能力及教学技巧。在新的教育时代背景下，教师应转变为研究者的角色，需要有在教学实践中发现问题、收集数据、研究解决问题的素质和能力。教学活动为教育科研提供了丰富的实践材料。教育科研通常是针对教学中亟待解决的问题来展开的，因此，寻找外语教学与科研的最佳结合点是非常必要的。

在新课程实施过程中，外语教师在新课程功能的发展性和学生学习方式的自主性方面面临新的问题和挑战。例如，教师应如何改变自己的教学行为与学生的学习行为？如何引导和促进学生以探究、自主、合作的方式进行学习？在课堂教学中，如何体现语言的工具性和人文性？如何进行课程开发和利用各种课程资源？所有这些问题的解决，仅仅依赖经验是远远不够的，这需要教师实现从教育实践者向教育研究者的身份转变，提升教育教学研究能力。不仅如此，教师还应积极探索与实践，将理论知识与实际操作有机结合，真正实现教育教学的全面提升。

第二节　中小学外语教师发展的阶段

对于中小学外语教师这一职业来说，其成长轨迹是一个由初始阶段逐步走向成熟的持续性过程。其成长是一种持久的，动态演进的，并在教师职业生涯中不断发展壮大的过程。在这种演进的轨迹上，其整体上展现出的是逐步升华的趋势，但是在每一个特定的成长阶段，其又都有自身独有的变化特性。这些变化体现在教师的专业精神、专业知识、专业能力、专业需求、教学关注点及课堂教学行为等各个维度。这些变化特性就为人们判定教师所处的专业发展阶段提供了重要参考。

中小学外语教师的专业发展路径，如同一颗生长壮大的种子，需要经历从萌发、成长到繁茂的过程，同时，在这个过程中还会经历从量的积累到质的飞跃的转变。那么，这个过程分为哪几个基本阶段？每个阶段又各自持续多长时间？每个阶段的主要特征又是什么呢？一般来说，中小学外语教师的专业发展过程可划分为三个主要阶段：新手阶段、成长阶段和熟练阶段（见图 5-4）。

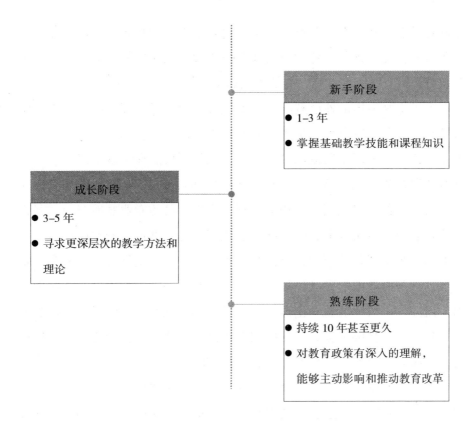

图 5-4　中小学外语教师发展的阶段

新手阶段是外语教师职业生涯的起点，一般持续 1–3 年。在此阶段，教师主要聚焦于对基础教学技能和课程知识的掌握，以及适应教师角色的转变上。这一阶段的教师可能面临较大的挑战，如课堂管理、教学设计和教学效果的评估等。

成长阶段大约会持续 3–5 年。在此阶段，教师已经对基本的教学技能和课程知识有了全面的掌握，并开始寻求更深层次的教学方法和理论，以提升其教学质量。同时，他们也会开始关注自我发展和教育改革等更广泛的话题。

熟练阶段则是教师职业生涯的高峰期，可以持续 10 年甚至更久。在此阶段，教师已经具备了丰富的教学经验和深厚的专业知识，他们通常能够运用多样化的教学策略，对学生进行个性化的指导，并能有效应对各种教学挑战。此外，他们也可能会成为教师团队中的领导者，这源于对教育政策有深入的理解，能够主动影响和推动教育改革。

为了更好地推动外语教师的专业发展，教育行政部门应当根据各阶段的特点，制定针对性的培训和教育政策，以满足教师在不同发展阶段的不同需求，如新手阶段的基础培训，成长阶段的深化教学研究，以及熟练阶段的领导能力培养等。对于教师自身而言，了解这些发展阶段和特点有助于他们设定明确的职业目标，规划自己的专业发展路径，并积极应对各个阶段可能遇到的挑战和变化。通过了解自己的发展阶段，教师可以更加清晰地认识到自己的长处和短处，以便制订更有效的个人发展计划。国内外的学者已经提出了多种教师发展阶段的理论，这些理论对于研究外语教师的职业生涯和专业发展具有重要的借鉴意义。通过理解这些理论，教师和教育行政部门都可以更好地理解教师的专业发展过程，从而为教师的持续发展提供更有效的支持。

教师专业发展的研究一直是国内外学术界关注的焦点。众多研究已经证实，教师的发展进程，其实是一个由被动接受向主动驱动转变的过程。而这个过程，也是一次自我认知和能力提升的过程。刚开始从事教育工作的教师，往往需要一段时间来适应这份全新的职业。这段时间被看作新手教师向合格教师过渡的阶段。在这个阶段，教师会遇到许多挑战，如理解和适应教育系统的规则、掌握基本的教学技巧、处理和学生的关系等。这是一个充满挑战，但又富有成长机会的阶段。新教师需要学会如何从被动接受到主动应对，从而顺利通过这个阶段，成为一名合格的教师。

合格的教师在经历多年的实践之后，通过不断的反思和学习，他们会逐渐提升自己的工作技能，掌握更多的教学知识，形成自己的教学风格。这个阶段被看作从合格教师向成熟教师过渡的阶段。在这个阶段，教师已经能够娴熟地处理各种教学问题，但是他们并不满足于现状，而是会继续寻求更多的发展机会，以提升自己的教学水平。

当教师具备丰富的教学经验，掌握了一定的教学技巧，他们便开始进入从成熟教师向优秀教师过渡的阶段。在这个阶段，教师不再满足于已有的成绩，而是开始主动寻求更多的发展机会。他们会投入教学研究中，积极参与各种教育活动，不断提炼和完善自己的教学实践。他们的目标是，通过不断的努力，最终成为那些对学生有深远影响，被大家广泛认可的优秀教师。在这个过程中，教师的专业发展不仅仅是技术层面的提升，更包含了自我意识的觉醒和价值观的升华。他们从被动接受到主动求变，从单纯的技能掌握到深层次的理论研究，从简单的实践操作到复杂的知识创新。这是一个破茧成蝶的过程，也是教师专业发展的重要路径。

外语教师的专业发展过程，需要注重个体的自主性与内在动力，即使有再多的外在资源与帮助，最终的推动力还是来自教师个体的内在驱动。这是因为，教师由被动的专业发展转变为主动的专业发展，实质上是一种质的跃升。换言之，外语教师专业发展的快慢关键在于教师个体是否具备自主发展的意识，能否在专业发展的道路上主动行动。一个主动发展的教师，其最显著的特征就是拥有自我更新的意识和能力。这种意识和能力包括对自我教学实践的反思，对新知识新方法的追求，对教学状况的反思和分析，以及对教学实践的探索和尝试。主动发展的教师，对自我专业发展的追求不局限在课堂内，其能抓住生活中任何一个可能的学习机会，如出行学习，主动听课，热衷阅读，或是在实践中积累经验和提升理论水平。在教学实践中，主动发展的教师更会以一种探索者的精神来对待自己的教学行为，持续的自我质疑，深度反思，不断提出"为什么"，并以此驱动自己去寻找答案，去尝试新的教学方法和策略。他们通过实施行动研究，解决实际的教学问题，以此来提升自身的教学技能和理论理解，使自己的教学得到实质性的改进。

外语教师在不同的职业阶段有着不同的发展需要和特点，这包括对专业情感的理解、对知识的掌握和技能应用。明确这些标准的定位对于教师个体的成长和教育部门的培训规划有着重要的指导意义。在教师发展的每个阶段，都应关注教师的专业精神、专业知识、专业能力及遇到的困难，为教师提供适当的引导和帮助，帮助他们正确认识自己的职业发展阶段，做出科学的规划和设计，以应对职业发展中的变化和需求。当然，教师个体的自我发展意识和主动学习意识也是十分重要的。教师需要积极主动地学习新的知识，掌握新的技能，持续反思和改进自己的教学行为，以实现自己的专业发展。

第六章　中小学外语教师专业发展方向

第一节　外语教师继续教育与专业发展

在这个不断发展的社会中，随着对外语技能需求的提高和基础外语教学质量的提升，社会对于各级外语教师的专业素质和专业发展呈现出了更高层次的期望。在这种背景下，教师的继续教育变得越来越重要。外语教师的继续教育内容应将外语教学法的学习和研究作为主要方向，同时兼顾其他各个方面。外语教学法的研究与外语教师的日常工作有着紧密的关系，其也是一条提高外语教师自身发展的关键路径。

在教育事业中，教师一直都是非常重要的角色。伴随着中国外语教育的进步和教学规模的不断扩大，外语教师的培训得到了前所未有的重视，而且这些年的培训成果也非常显著，大幅提升了外语教师的学历层次和教学能力，对中国的外语教学改革产生了积极的影响。随着外语教学改革的深入、社会的发展对各级外语教师的专业化发展提出了新的需求，而外语教师的入职准备和在职培训仍有待加强，外语教师正在面临全新的挑战。如何改进和充实外语教师继续教育的现有培训内容，真正提高培训的质量，构建一个拥有先进教学理念和方法的外语教师队伍是当前的重大课题。尽管外语教师的继续教育和专业发展问题已经引起了广泛的关注，但大多数讨论都集中在宏观方向，而对微观细节的探讨则相对较少。

微观细节主要是指如何改进和充实外语教师现有的继续教育内容。在这方面的探讨对于外语教师的继续教育具有现实指导意义。随着时代的发展，外语教师的继续教育内容也必须与时俱进。外语教师的成功"三部曲"包括入职准备、在职培训和培训后的自身发展，其中，充实教师继续教育内容对于教师将来的自身专业发展具有重要作用。教师的继续教育应涵盖新的教学理念、方法、技能和知识，以满足日益增长的学生需求和应对社会发展所带来的新挑战。继续教育应强调实践性和前瞻性，使教师能够积极参与并推动教学的改革和创新。培训内容还需要注意与教师的日常教学工作相结合，以保证培训的实用性和有效性。

在外语教师的继续教育中，有两大核心问题需要关注，一是"教什么"，二是"怎么教"。"教什么"主要关注外语教师语言和语言应用能力的提升。"怎么教"则涉及对外语教学法的研究，也称应用语言学。外语教学法是一个复杂而全面的概念，不仅涉及语言理论，更关注语言学习理论和教学理论。因此，在进行外语教师的继续教育时，应以外语教学法的学习和研究为主。但这并不意味着只需专注于外语教学法。在语言类课程，如语体学、语音学等这些课程在继续教育中的比重虽然可以适当减少，但其重要性不应被忽视。相反，教师应通过学习这些课程，深化对语言的理解，为之后有效的教学打下坚实的基础。另外，对教育学、心理学、科研方法等课程的学习应得到加强。教育学和心理学可以帮助教师更好地理解学生的学习需求和心理状态，从而提供更有效的教学。科研方法的学习则可以引导教师进行教学实践的反思和改进，推动教学创新。

外语教师的继续教育侧重外语教学法的学习和研究的意义在于：其一，语言教学能力并非天生，而是需要后天的努力去培养。外语教学有其独特性和规律，教师需要对此有深入的理解和把握。因此，从完善和补充外语教师的知识和能力结构的角度出发，增加外语教学法在外语教师继续教育中的比重是十分必要的。其二，外语教学法与外语教师的日常教学工作紧密相关。在复杂多变的课堂教学现象面前，教师往往有强烈的需求，期望着能够用科学的方式来合理解释和解决问题。外语教学法的研究就是对这样的教学反思的深化，对实际问题的解决大有裨益。其三，外语教学法的研究是对前人教学经验的总结，能够帮助教师开阔学术研究视野，为其科研工作打下基础。这将有助于教师对自身教学方法的不断优化，同时也能推动其深入参与教育领域的学术研究。其四，可以提升在职外语教师的教学水平和教研能力。研究和学习外语教学法，使教师有机会针对性地提升自己的教学技巧，了解新的教学理论和技术，以及了解将这些理论和技术应用到教学实践中的方式和技巧。这无疑能够提升教师的教学质量，同时也能提高其教研能力，帮助教师更好地参与到教学改革和教研活动中。

中小学外语教师继续教育的内容应涉及以下几个方面。

第一，先进的教学理念。在当前的全球背景下，教育体系正经历着一系列变革，其核心理念可以概括为大众化、民主化和人本化。这种转变并非偶然，而是因为西方的各种现代思潮给教育界带来了巨大的冲击。从更广阔的角度来看，我国素质教育思想的提出，不仅是国内教育改革的重要环节，也是世界性教育变革的一个重要面向。在这样的趋势之下，外语教学改革展现出了一种全新的倾向。教育的目标不再局限于学科知识的传授，而是更多地转向社会实际和生活实践，更加强调学生自身的全面发展。我国素质教育的指导思想，已经广泛涵盖了人的个性发展、人的综合素质提高及以人的发展为本的理念。

中小学外语教师必须树立终身教育、终身学习的信念。教育不仅仅是一种职业，更是一种生活方式和责任。在教学过程中，努力构建平等、和谐、充满人性的师生关系是十分重要的。这需要改变原有的传统教育观念，只有这样，才能从根本上提升教师自身的教育教学策略和能力。再者，先进的教学理念在外语课堂中，对"如何教"提出了新的诠释。新的教学方法不再依赖传统的填鸭式教学，而是更加注重激发学生的积极性和主动性，鼓励他们自主探索、创新思考。因此，教师在教学过程中应当倾听学生的声音，尊重他们的选择，以此来实现教学的"人本化"、个性化和现代化。在这个过程中，教育教学的新理念成为教师提高教学能力的基石。

第二，教学理论基础。外语教学理论的研究和应用涉及多个学科领域，包括语言学和心理学等。语言理论主体涵盖了结构主义、功能主义等多元化的理论视角；语言学习理论则主要包括行为主义、认知主义、人本主义和建构主义等。这些理论构成了外语教学研究的根基，并在教学方法的发展中起到了至关重要的作用。回溯外语教育的发展历程，可以看到，各种具有影响力的教学方法都有其理论的坚实支撑。例如，在20世纪60年代大行其道的"听说法"，便是以结构主义和行为主义理论为基石的。此教学法的核心在于通过听和说的练习，以行为反复的方式，使学生熟练掌握语言结构和词汇。而在20世纪70年代乃至今天依然受到广泛应用的"交际法"，其基础理论则是功能主义和认知主义。这一教学法注重学生的实际交际能力，倡导在实际的语言环境中进行学习和训练，强调理解和运用语言的功能，而不仅仅是知识的积累。

对中小学外语教师而言，了解并研究外语教学理论有着无法替代的重要性。这不仅能使他们理解教育过去的历程和现在的状况，还能帮助他们把握未来的教育发展趋势。教学理论的研究可以帮助教师从更深层次的理念层面理解教学实践，能让教师有更全面的视角来看待教学问题，同时也能为教师提供更具策略性的教学方法。

第三，科研方向。当今世界，外语教师的专业素质已经成为教育领域关注的焦点。这些专业素质主要包括外语能力、外语传授能力和教学科研能力。其中，外语传授能力和教学科研能力与外语教学法研究有着密切的联系。因此，对于外语教师来说，外语教学法研究应成为其在培训中和培训后自身专业发展的主攻方向。

外语教学法研究，可以理解为一门探索外语教学规律的科学。其研究领域涵盖了外语教学的目的、任务、内容和教学对象等多个维度。其中包括指导外语教学活动的各类理论、原则及各种教学流派的概览。同时，它也可能涵盖了某种特定的教学氛围、教学原则，甚至某种具体的教学方法。外语教学法的研究主要分为理论研究和应用研究两大类。理论研究侧重对教学理念、教学目标、教学内容和教学方法的深入探讨，提炼和明确教学理论的框架和原则。而应用研究则侧重将理论应用于实践，探索有效的教学策略和方法，解决实际教学中遇到的问题。

外语教师的研究方向和内容涉及应用性研究课题，包括但不限于外语教学的有效方法和手段等。在实际的教学过程中，教师可能会遇到各种问题，如学生的语言能力、语言应用能力和自学能力的提升，学生的学习策略、语篇教学、跨文化交际、信息技术利用、课件和教材编写、测试方法改进，以及听说读写译等各个方面的教学要点和难点等。这些都是一线教师需要特别关注，也是教学研究可以深入探讨的课题。

第四，外语教学能力。在教育领域，外语教学能力被视为教师实施"如何教"的重要力量。这一能力的实现，需要教师具备运用语言知识、技能及通过行为举止，顺利完成教学任务的能力。外语教师的课堂话语是教师实现教学目标的重要手段，而科学性、启发性和艺术性则是这种话语的重要功能。课堂话语的科学性强调的是准确性和逻辑性，以此来确保所传达的信息准确无误，避免学生误入歧途。教师需要运用自己的专业知识，从科学的角度解答学生的问题，解释复杂的概念，引导学生掌握正确的知识。启发性则强调教师能够激发学生的思考，引导他们自主探索问题的答案。启发性教学能促使学生主动思考，激发他们的学习热情和兴趣，从而提高学习效率和效果。艺术性则体现在教师能够运用语言和教学技巧，创设生动有趣的教学情境，吸引学生的注意力，提高他们的学习兴趣和积极性等做法上。艺术性教学能够使教学活动充满活力，让学生在愉快的氛围中学习知识，提高教学效果。

此外，教师还需要掌握各种教学技能，如内化英语知识，使知识转化为技能；运用交际策略和逻辑思维，进行清晰和有条理的口头表达；灵活组织课堂教学活动等。这些教学技能都是教学能力的重要体现。外语教学有其自身的特殊性，除需要了解普通心理学，外语教师还应深入学习语言心理学、语言学习理论与二语习得理论。这些理论能够帮助教师更好地理解学生的学习状态，把握教学规律，掌握教学主动权。

第五，外语科研方法。科研能力和水平是评价教师专业能力的关键因素。这一能力反映了教师对于外语教学中遇到问题的敏锐洞察力，以及分析研究问题、搜寻资料和解决问题的实际执行力。研究能力的培养与提升，不仅要求教师能够独立开展研究，也要有与他人协作研究的能力。在研究过程中，教师需要掌握和运用各种科研方法，如问卷调查法、观察法、个案研究法、统计法和对比法等，以便获取丰富而准确的数据和信息。这些科研方法的运用，不仅可以提高研究的深度和广度，也可以使研究结果更具有说服力和权威性。社会科学统计软件是进行外语科研的重要工具。掌握这些软件的使用方法，能够帮助教师高效地处理和分析数据，提高研究效率。同时，这些软件还可以为教师提供各种统计方法和分析模型，使研究结果更具有科学性和可靠性。在撰写研究论文方面，外语教师可以选择写评述性论文，也可以写实验对比和调查报告式论文，或者是将多方面内容相结合的综合性论文。这些论文类型都有其各自的特点和要求，教师需要根据自身的研究目标和内容，选择最适合的论文类型。在研究方法上，定性研究和定量研究各有其特点。定量研究基于实证主义，强调用数据说话，因此具有较强的说服力。定性研究则更注重对现象的深入理解和解释，能够揭示问题的复杂性和内在联系。外语教师可以根据教学的需要和自身条件，选择合适的研究类型。

第六，批判性思维。外语教师的职业特质使他们在记忆力、模仿能力和组织能力等方面有着突出的优势。这些优势有助于他们吸收新知识、熟悉新事物。批判性思维能力的缺乏往往会成为教师提升教学和科研水平的瓶颈。因此，培养教师的批判性思维能力显得尤为重要。

批判性思维能力的培养需要从两个方面进行：一方面是培养批判性精神，另一方面是提高批判性思维技能。批判性精神是指有意识地进行批判的愿望、趋向和心态。当个体拥有批判性精神时，他们会主动激发自己的批判性思维意识，主动去思考问题，并以审慎、分析的眼光看待事物。拥有批判性精神，教师可以更深入地理解和解析教学内容，从而提高教学质量。批判性思维技能是进行有效批判思维活动的关键。这些技能主要包括：捕捉中心思想和议题，判断论据的准确性和可靠性，判断推理的质量和逻辑一致性，以及预测可能的后果等。当教师掌握了这些批判性思维技能后，他们可以更加有效地对教学内容进行分析和评价，从而在教学中做出更加科学、合理的决策。批判性思维需要在实践中不断地接受锻炼和提升。在教学过程中，教师可以运用批判性思维去分析和解决各种问题，同时也可以通过参与教学研究、撰写教学论文等方式，来提高自己的批判性思维能力。

第七，外语教育技术。教育技术，包括计算机、网络和多媒体等辅助教学工具，已经成为当代教学改革的重要特征，外语教师需要充分掌握这些技术。现代教育技术能提供丰富的教学资源，可以帮助教师提高教学效果和课堂效率。计算机辅助外语教学、多媒体课件制作和网络应用等手段可以使课堂活动更加生动有趣，同时也可以帮助学生更好地理解和掌握外语知识。然而，教育技术并不是教学的全部，也不能替代教师的教学。教师应该明确，教育技术只是一种外在因素，它可以为教师提供教学方面的帮助，但是要想取得满意的教学效果，还得是依靠教师自身的努力。

掌握现代教育技术不仅包括掌握操作技巧，更重要的是要拥有对大量教学信息和教学资源的筛选和选择能力。因此，教师需要有明确的教学目标，并以此为导向，根据学生的学习需要和自身的教学要求，合理利用现代教育技术提供的资源，做到取其精华，去其糟粕。虽然现代教育技术为外语教学提供了许多便利，但是外语教学仍然需要遵循其自身的规律，不能过度依赖技术。语料库的使用是外语教育技术的重要组成部分，它可以为教师提供丰富的语言学习材料，帮助学生更好地理解和学习外语。教师可以根据教学需要，选择合适的语料库，为学生提供实际、具体的语言环境，增加学习的实效性。

第八，知识结构。继续教育课程对于外语教师的专业发展至关重要。外语教师的知识储备不能仅限于语言技巧，还必须包括对相关文化的深层理解。构建此类培训课程时，提供全面且深入的知识是关键。当然，教师应掌握基本的外语应用能力，以及科研能力，但这仅是起点。教师还应理解和掌握外语国家的政治、历史、地理、风俗习惯等方面的知识。

中小学外语教师的知识结构不应仅限于专业领域。人文社会科学领域的知识，甚至是自然科学知识，都将为他们的教学带来巨大的启示。掌握中国的文化知识也是中小学外语教师知识结构中不可或缺的一部分。教师需要教会学生如何用英语表达中国文化和中国的事物，这不仅能帮助学生在全球范围内进行有效沟通，也是体现中国文化软实力的重要途径。

第二节 外语教师继续教育模式

提升外语教师的素质是教育领域不断追求的目标，其中，教师培训和继续教育的重要性无法被忽视。近年来，随着教育研究的深化，外语教师培训和继续教育的理念和方式都经历了重大的转变。在过去，教师培训通常被视为一种单向的教学过程，教师在这里是被动的接受者，主要接受来自上级的指导和教学。然而，现代社会倡导教师专业发展的自主性，这促使人们开始更多地采用教师继续教育的概念。与教师培训不同，教师继续教育更加注重教师专业发展的终身性和可持续性。这一概念相较于传统的教师培训更为广泛，它不仅包括教师的基础培训，也强调教师的自我发展和研究。因此，外语教师培训可以被视为教师继续教育的基础和重要组成部分，两者都是确保教师能够自主发展的关键。

中国正在努力适应全球化的经济环境，这给人才培养设定了新的标准。尤其是在外语教育领域，教学改革提出了更高的要求，这也进一步提升了社会对外语教师的期望。在这样的背景下，教师的在职培训及继续教育就显得尤为关键。它们不仅为教师提供了更新教育理念和教学方法的机会，更为教师提供了自我实现和自我发展的平台。新的培训和继续教育模式正在不断涌现，这些模式更加注重激发教师的主动性，让他们在实践中不断地进行探索与研究，从而实现自我提升。这种模式的实施，对于提高外语教师的教学质量、提升他们的教育理念，以及增强他们对教学变革的适应能力都有着重要的作用。同时，教师的自我发展和研究不仅有助于提高他们的教学能力，还可以帮助他们更好地适应和应对正在快速发展和变化的教育环境。一方面，教师应该持续接受专业技能的培训，以便跟上教育改革的步伐。另一方面，教师也需要有自我发展的空间，以便他们可以根据自身的兴趣和需要进行教学研究。这两者是互补的，可以共同为教师的专业发展提供支持。

外语教师教育研究的进展推动了外语教师培训和继续教育方式的深度改革。新的教育模式正在替代传统的教学方式，推动了外语教师专业能力的持续发展。然而，改革并不意味着彻底抛弃传统的教育培训模式，而是在这些模式的基础上进行改进和创新，以满足时代发展的需要。近年来，多元化的教育培训模式日益受到青睐。在保留传统理论教学的基础上，吸收新的教育理念和教学方法，使教师能够从多个角度和层面汲取知识和技能，这对于促进教师专业发展具有积极作用。在这个背景下，教师的培训和继续教育由被动接受知识转变为主动学习和研究。新的教育模式强调教师的自主性，鼓励他们主动地去探索和研究，以提升自身的教学水平。同时，为了满足教师多元化的学习需求，各种新的教育培训模式也在不断涌现，如网络教学、实地考察、研究性学习等（见图6-1），这些模式提供了更多元化、个性化的学习方式，为教师的专业发展开辟了新的路径。

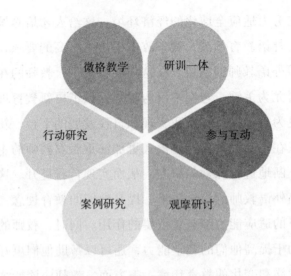

图 6-1　外语教师继续教育模式

一、微格教学

微格教学，是美国教育改革中提出并实践的一种教学方式。[①]作为一种教学模式，其特色在于对教学过程的简化与细分。"微格教学"也称"微型教学""模拟教学""分组说课"。在微格教学中，反馈原理和教学评价理论被广泛应用，这是因为其本身就是一种针对教师的分阶段系统培训活动，通过对教师行为的反馈与评价，以此来提升其教学技能。

不同于常规的教学方式，微格教学将教学实践进行了微型化处理。这一概念中包含了两个方面的含义。一方面，在微格型课堂中，教师并非唯一角色，同时也需要有学生评价人员、技术人员及指导教师等多个角色的参与。而这些角色的扮演，可以由两位教师轮流进行，也可以由专业人士承担。另一方面，微格教学的过程呈现出片段式特征，即从教学全过程中抽取一部分作为教学重点。受训者在这样的课堂中只需讲授

①　薛永胜，杨莎，刘尚武．有效体育教学理论体系的构建与教学实践研究 [M].长春：吉林科学技术出版社，2019：145.

一节课的一部分或者练习一项教学技能，时间根据实际需求决定，一般在 10 ~ 15 分钟。一个教学课时则可以分为若干个时间段，这些时间段就是教学步骤，而每个教学步骤则是由一系列的动作和话语构成。在受训者进行教学展示的过程中，评价人员会对其教学行为进行客观的分析评价。他们会提出对受训者的行为进行改进或调整的建议，包括可能需要增加或减少某段教学所需的时间。这样的评价过程，旨在提高受训教师的教学技能，以及提升他们的教学效率。

微格教学的另一个特点是强调教学技能的规范化。在教学过程中，虽然不同的教师有不同的教学行为，然而，其中仍然存在着一些有规律可循的有效教学技能。例如，引导技能、强化技能、提问技能、举例技能、说明技能和变化技能等，这些都是微格教学中关键的教学技能。正是因为这种规范化的教学技能，使微格教学作为一种新兴的教学方式，超越了传统的教师培训模式。相比传统教师培训，微格教学的优势颇为明显：首先，它使教师培训目标更加明确，从而方便检测和评价；其次，它也为定量分析教学提供了便利；最后，它也让教师能够及时反思自身的教学行为。

二、行动研究

行动研究培训模式根植于教育领域的行动研究理念，强调教师在实践中学习、改进和发展。这种培训模式视教师为实践研究者，鼓励他们通过实地教学研究来提升自己的教学实践，并在此过程中促进自身专业技能的增长。

行动研究作为一种反思教学的方式，被广大教育工作者所认同。在教育界，行动研究是一种富有实效的科学研究方法。这不仅因为其注重实践，而且其主要目标并非构建某种教学理论或体系，而是发现并解决教学过程中遇到的实际问题。这种研究方法鼓励教师在日常教学活动中系统性地收集和分析数据，为将来的教学决策提供支持。教师可以针对自身的教学实践进行"微观"教研活动，以便在教学实践中发现问题，然后通过深思、规划、实践和评估，寻找解决问题的方法。因此，"行动研究"可以解释为日常中微观的、个人化的教研活动。在行动研究中，教室就是教师的教研场所，而每一次上课都是一次教研过程。通过这样"微观"的教研活动，教师也学会了课堂研究的技能，如确定研究方向、研究要点，以及如何收集数据和如何分析数据等。

行动研究为教师揭示了一个系统化的五步教学优化过程：课堂观察、通过反思识别问题、通过讨论和磋商来制定问题的解决策略（微型教学和同伴教学）及对整个流程进行总结和评价。课堂观察是此流程的起点，教师通过详尽的观察来收集教学过程中的信息。接着，通过反思，教师能在教学活动中识别出存在的问题，从而确定需要改进的地方。在讨论和磋商的过程中，教师集思广益，以不同的视角和思考方式来探究问题的本质，以寻求最优解决方案。教学实习阶段则是一个动态的实践过程，教师通过微型教学和同伴教学将解决策略付诸实践。这一阶段既在考验教师的策略应用能力，也在检验解决方案的可行性。在总结和评价的阶段，教师回顾整个过程，从整体上评估解决方案的有效性和自身的教学效能。

行动研究突破了教师仅为执行研究成果的传统角色，让他们从经验反思中跳出来，成为教学研究者。在过去，教师和研究者常常被割裂对待，这种现象对教师的专业发展产生了阻碍。而行动研究的培训模式则赋予了教师研究者的角色，让他们同时成为教学活动的执行者和研究者。

三、案例研究

案例研究的定义可以归结为对具有问题性、能引人思考、真实发生的典型事件的深入探讨。案例研究最初被应用于法学、医学和管理学领域，后期应用于教师培训领域。案例研究的本质在于提供实际情境的描述，其中包括一个或多个待解决的问题，以及可能的解决方案。案例研究的关键特点在于其真实性、问题性和典型性，这使其能够提供具有实际意义和参考价值的信息。案例的选择在案例研究教学中起着至关重要的作用。理想的案例需要面对具体的问题并提出解决方案，需要对已经做出的决策进行评估，能够教会学员一定的技能。优质的案例必须有一个中心论题，并且案例发生的时间最好在过去 5 年之内。高质量的案例可以使教师了解国内外教学的现状，发现并跟踪教育热点，与自身的教学进行比较，并做出理性的分析，从而揭示出存在的矛盾，分析并解决问题。案例可以从教学材料中获取，也可以由有经验的教师自行编写。案例研究教学通常采用的方法包括导向法和诊断法，这两种方法都以案例为中心，鼓励学员通过自主学习和讨论来理解和解决问题。案例研究教学的步骤可以分为：案例导入、案例讨论和教学总结。

四、观摩研讨

观摩研讨型教师培训方式以真实的课堂教学环境为主，它在许多方面具有独特的优势。区别于微格教学的模拟环境，观摩研讨提供了更丰富、更接近实际的教学场景。此类培训将教师的思考、感受和想法都纳入其中，通过诸如上课说课、评课、议课等环节，将理论知识与实际操作相结合。在观摩研讨型培训中，培训者会引导受训教师在教学过程中运用教材、多媒体课件等工具，将静态的教学文本转化为生动的课堂环境，并为他们讲授有效地组织和管理课堂的方法。这种过程不仅使教师学习到了实用的教学技能，还能帮助他们在实际教学环境中积累经验。

观摩研讨强调实践和思辨的同步进行，提倡教师既是学习者和实践者，也是研究者。这种学习方式使教师能够以更加主动的姿态去获取知识，而不仅仅是被动地接受。同时，这种培训方式也鼓励教师积极地向同行展示自己的教学技巧，从他人的反馈中学习和成长。观摩研讨型培训不仅关注教师的教学技能，更注重培养教师的学习能力，即让教师"学会教学"与"学会学习"并重，提升教师的教学实践合理性，使他们能够不断提升自身的教学质量，成为一个能够进行教学研究的人。观摩研讨也成为教师教学反思的一种有效方式，帮助他们深入理解教学过程中出现的各种问题，从而在实际教学中取得更好的效果。虽然观摩研讨需要具备一定的教学场地和设施，但相比于其他形式的教师培训，它更为简单实用，并且不需要大量的资金投入。因此，无论是对于学校还是对于教师来说，观摩研讨型培训都是一种高效、实用的培训方式。

五、参与互动

参与互动型教师培训方法迈出了创新的步伐，打破了传统的单向教学模式。以往的教师培训，教师常常被视为被动的接收者，而讲师则是主动的传播者。这种方式的缺陷在于其忽视了教师的主动性和独特的教学需求。此外，这种培训方式还可能导致讲师提供的内容与教师的实际需求不相符，进而限制了教师在培训后的自主成长。与此相反，参与互动型教师培训强调双向互动，赋予教师主动性，使教师能够在培训过程中积极参与，并积极探求学习的乐趣。此种培训模式允许教师分享他们的观点和经验，以满足他们的个人需求和目标。这样的体验不仅有助于教师在观念、态度和行为上发生改变，同时也使他们能够将所学知识和方法运用到实际工作中。参与互动型教师培训强调平等互动和相互学习。在这种环境下，学习不再是被动接受的过程，教师无须盲目地接受权威的观点。相反，他们被鼓励通过自我反思、与同行的交流，选择并形成对自己有意义的知识。这种教学方式赋予了教师更大的权利和自由，并提高了他们的主观能动性。

通常，参与互动型教师培训的规模相对较小，因为较大的规模可能会妨碍互动活动的开展。但这并不意味着这种模式不能在大班培训中应用。例如，可以通过小组分组等形式，实现大班培训的分组互动，使每个人都能在互动中找到自己的位置。

六、研训一体

在现代教育理念的指导下，教师培训应致力于研究性学习，以便更紧密地与教师的教育教学活动挂钩。这意味着，教师培训应将教学指导思想、学生需求、教学方法、教学策略、教材及教学内容等作为培训的重点，从而确保教师能在实际的教育教学过程中运用到这些理念和技巧。教师培训的最大目标应该是帮助教师明白教育教学研究的重要性，以及明白如何采用研究性教学的方式进行教育教学活动。这样，教师将能更好地组织学生进行研究性学习，提高学生的主动学习能力和问题解决能力。只有当教师真正理解并掌握了这些技能，他们的教学效果才能达到最佳。培训过程中，"研训一体"的教学模式显得尤为重要。这种模式意味着教师在学习的同时，也在研究，将科研及相关的程序和方法应用于课堂教学之中。这样的教学模式具有很强的针对性，能够解决教师在教学过程中遇到的紧迫问题。

"研训一体"的教学模式是对传统"注入式"教学的一种改进。它利用生动的实例，强调理论与实践的结合，满足了教师对于教学和科研的双重需求。在设定了总体培训目标之后，教学内容还可以根据教师的具体需求进行灵活调整，以实现对教师个体化的培训需求。"研训一体"也可以以学校为单位进行。这样的培训方式更具亲和力，能更有效地满足教师的实际需求。它不仅具有针对性，而且极具实用性，能够帮助教师解决具体的教学问题，从而提升他们的教学效果。

第三节　信息技术下外语教师角色智能提升

随着科技的不断进步，外语教学模式正在经历翻天覆地的变化。传统的"粉笔＋黑板"模式已经逐渐被多媒体，以及更为先进的多媒体网络模式所取代。这些变化给中小学外语教师带来了一系列机遇与挑战。

新的信息技术对外语教学环境的改变不仅体现在教学方式上，更重要的是为教学资源的有效组织和管理提供了全新的可能。一方面，教师可以利用信息技术快速地获取、组织和分析各种教学资源，如文献资料、教学视频、课件等。这些技术可以帮助教师更有效地进行教学设计，从而提升教学效果。另一方面，信息技术为创建丰富而生动的超媒体外语学习环境提供了可能。利用多媒体技术，教师可以将文字，图像，音频，视频等多种媒体形式结合起来，进行有趣而富有创意的教学设计。

一、教学模式的转变

信息技术以其独特的特点，正在深刻地改变着教学的模式。它是文字、图像、声音等信息的表现，也是磁盘、光盘等信息存储介质，更是光缆、电缆等信息传播媒介的完美融合。随着这种技术的不断发展和完善，外语教学已经迎来了一场革命性的变化。曾经，以PPT为代表的多媒体教学被认为是信息技术应用的初级阶段。然而如今，教学已经迈入了信息技术多元化利用的成熟阶段。这种新的教学模式不再局限于PPT或DVD，而是充分利用了诸如博客、教学网站、网盘、公共信箱、语料库、翻译软件等丰富的教学资源，使教学内容得到了前所未有的丰富和充实。这种多元化的教学模式，完全符合"以学生为中心"的现代化教学理念。教师通过多种形式的教学资源，创造出多样化的学习环境，这样既能尊重每个学生的学习需求，又能鼓励他们独立自主、富有创造性地学习。以往的教学方式往往过于依赖教师的主导，而新的教学模式则更加注重学生的主体性，使他们在学习过程中更加主动和积极。

二、教师角色智能的提升

信息技术的广泛应用已经渗透到了外语教学的各个方面，这一变革不仅影响了教学方法的选择，也从根本上改变了教师的教学角色。在此背景下，外语教师的职责不再仅仅是传授知识，而需要转变为学习的策划者、设计者、支持者和指导者。因此，只有教师积极地提升自身的能力，包括知识和技能，才能将教学观念有效地转变为教学行为。这样的转变，必须以教师角色智能的提升为基础。这包括了对知识和能力水平的持续提升，因为这是从理念到行动的关键步骤。只有教师的技能得到了提升，才能确保他们有效地应用新的教学观念。

要完全实现信息技术课堂教学的能力和素质，教师还需要拥有高级的综合信息素养。综合信息素养包括对一般信息素养、信息技术教育价值观、教学设计能力、教学实践和教学研究能力等多个要素的理解和应用。一般信息素养，主要是指理解并能熟练操作常用多媒体工具的能力。更广义地讲，信息素养是指对信息活动的态度及获取、分析、处理、评价、创新和传播信息的能力。信息技术教育价值观，主要是指理性地看待信息技术的价值，能够结合特定的教学方法、学科特点和教学目标来评估信息技术的影响。这需要教师能够理解和评估信息技术的潜力和局限性，以便更好地将其应用于教学实践。教学设计能力是指教师能够根据外语教学的特点和学生的发展需求，理解信息技术的特性，识别其潜在的优势和不足，选择合适的信息技术工具，并能系统地设计或创造适合的教学策略和学习活动，从而实现信息技术优势的能力。

信息技术的引入为外语教学提供了极其丰富的资源和便利的环境。然而，海量且纷杂的信息也需要教师对其进行精心的筛选、梳理和整合，以便让学生获得更有价值的学习材料。外语教学并非仅限于语言知识的掌握，更重要的是要培养学生的语言使用能力。在这个过程中，教师仍然起着无可替代的作用。尽管信息技术为教学提供了更广阔的平台，但是教师的角色并没有被削弱，反而在某种程度上被强化了。因为在信息爆炸的今天，教师更需要具备筛选和整合信息的能力，以便为学生提供高质量的学习内容。因此，外语教师必须具备良好的心理品质，高水平的外语语言和教学专业技能，以及必要的信息素养。这些都是中小学外语教师在信息技术环境下教学所必需的素质。

新形势下的中小学外语教师需要增强以下几方面的能力。

（一）理解学生的能力

多媒体教学是一种融合视觉和听觉元素的教学方式，其不仅能为教师和学生提供丰富的信息，还能营造较为轻松的学习氛围。面对这样的教学环境，教师必须采取更为主动的态度，不断地与学生交流和沟通，把握教学反馈信息，检视学生的参与度，探寻他们的感受、需求、学习难题，以及学习策略和方法，从而能够实时调整教学方式。在中小学外语教学中，学生的情感理解尤为关键。情感因素，如自信、移情、焦虑等，这些都会对外语学习的效果产生显著影响。每当开启新的学期，教师都应解释多媒体英语教学的特性和对学生的期望，从而消除他们的疑虑，使他们早日做好心理准备。

在利用多媒体工具进行外语教学时，教师需要把学生置于所有活动的核心，如在指导控制、反馈等环节，都要积极增强他们的移情经验。与此同时，教师还要随时留意学生的学习情绪和情感变化，尽力满足他们的心理需求，帮助他们消除焦虑，建立自信。

在语言学习过程中，学生之间的个体差异是不可忽视的事实。例如，有些学生拥有强大的记忆力和模仿能力，而有些学生则在语言归纳方面表现出色。这些个体差异在很大程度上影响着学生对语言输入的反应、吸收、内化，以及最后的语言输出。因此，教师在组织课堂活动时，必须考虑学生在语言能力方面的差异，进行针对性的教学，以实现最佳的教学效果。了解学生的能力是现代外语教学中对教师的一项基本要求。教师不仅需要掌握和运用多媒体进行有效的教学，同时也需要对学生进行思想教育、情感培养、思维训练及良好学习习惯的养成指导。不可否认的是，每个学生都是独一无二的个体，他们在语言学习能力上有着各自的特点和优势。教师需要充分认识和尊重这些差异，对每个学生进行个性化的教学，这对于提高教学效果至关重要。教师可以通过观察和了解学生的学习方式，发现他们的特点和优势，从而设计出符合他们学习需求的教学方案。

现代中小学外语教学不仅仅是语言知识的传授，更重要的是培养学生的思维能力、情感素质及良好的学习习惯。教师需要在多媒体教学的过程中，进行有效的思想教育和情感培养，让学生在学习语言的同时，提高他们的思维能力，养成良好的学习习惯。

（二）教学操作能力

教学操作能力包括课堂教学设计能力、信息资源的整合能力等。教师是多媒体教学过程的设计者。在制作课件之前，教师需要熟悉教材，掌握其特点、重点和难点，以及教学的广度、深度和密度。在信息技术条件下，教师的备课工作量大大增加了，因为他们需要创新性地准备讲解材料，并避免与现有资源的内容重复。制作课件时，大量的信息输入和格式编排工作也需要花费大量心思。在教学过程中，教师可以利用多媒体网络技术强化教学重点，缩短信息传递距离，灵活自如地调控教学进度。另外，多媒体网络教师还必须是熟练的电脑操作者，能理解简单的维修知识，能够排除常见的电脑故障。在遇到突然停电或电脑故障的情况下，教师应具备应变能力。教学过程中可能发生各种情况，教师要善于观察，根据学生的反应来及时调整教学内容和进度。

第四节　外语教师课堂话语能力提升

在中小学外语教学中，教师的课堂话语占据了至关重要的地位。它为学生提供了关键的学习输入，强化了理解和吸收知识的过程。深度研究和优化课堂话语，对于增强外语教学效果具有深远的影响。

理解和应用教学方法，有着多样性和灵活性。现代外语教学研究主张，外语教学的教学方法应根据社会环境及教学过程中的各种因素来确定。这种观念使人们逐渐淡化了对教学法研究的重视，转而将焦点逐渐转移到如何提升外语课堂的实际教学效果上来。为了真正提升外语课堂的教学效果，教师的角色就显得尤为重要。高质量的教师话语是教师作用的具体体现，它决定了教学的成功与否。

一、课堂话语的重要性

外语教师在课堂上的话语与教学效果存在着紧密的联系。这种话语包含了教师在进行教学活动时所使用的各种语言形式，诸如组织课堂教学的结构，呈现与解读教学内容，安排和执行课堂活动，进行师生之间的双向交流，评估学生的行为等。当涉及语言课堂的教学时，它与其他学科的教学有着显著的不同之处。其中，教师的语言既是教学的目标，同时又充当了教学的媒介，这种情况在外语教学中尤为突出。在外语教学过程中，教师的话语对于整个课堂教学的组织和学生的语言学习具有决定性的影响。这种影响之所以存在，一方面是因为只有通过高质量的教师话语，教学内容才能得到有效的传播，从而实现预期的教学效果。另一方面，教师的语言本身也起到了示范作用，它为学生提供了学习目标语言的重要途径。

在外语学习的过程中，理想的语言实践环境常常难以得到，对于中国的外语学习者来说尤甚。这使教师课堂话语成为唯一的外语输入机会，同时也使它的重要性日益凸显。课堂话语不仅是教师和学生之间沟通的主要方式，更是学生获取新知识和技能的关键来源。从这个角度来看，教师在课堂上的话语不再仅仅是随意的表述，而是教学过程的重要组成部分。它的数量、质量，以及适应学生水平的难易度，都是实现教学目标需要考虑的关键因素。

从 20 世纪 70 年代开始，教师的课堂话语已经引起了全球语言和二语教学专家的广泛关注。他们从社会语言学的角度对话语进行研究，指出教师的语言是学生语言环境的一个重要组成部分。同时，他们还从心理语言学的视角，深度挖掘了外语课堂用语的重要性。20世纪80年代，美国语言学家斯蒂芬·克拉申（Stephen D. Krashen）提出了著名的"输入假设"，这一假设进一步强调了外语教师的课堂用语的重要性。①

在中国，学生通常在以汉语为主的语言环境中学习外语，这使教师的课堂话语在外语教学中占据了重要地位。如果教师能够提供高质量的外语输入，学生就能更好地理解和掌握新的语言知识，从而提高他们的语言能力。随着对"输入假设"讨论的不断深入，人们对外语课堂话语正确运用的重要性的认识也在不断提高。

外语教师其课堂话语的合理使用，不仅能为学生提供必要的语言输入，同时也能激发学生在教学中的积极互动。在教师课堂话语的长期影响下，学生能逐渐形成自己的语言资源库。这并不意味着教师要过度强调自己的话语，反而，质量比数量更为重要。教学过程的主角应该是学生，而教师的角色是帮助学生学习如何使用语言。教师的话语需要精练而深入，同时也要留出足够的时间让学生参与教学，实现真正的交互学习。教师的话语同时也具有示范作用，它是学生理解和吸收语言输入的重要途径。教师课堂话语的质量，受到多种因素的影响，包括教师的外语知识、表达能力、应用能力，以及对教材的处理能力、教学组织能力和课堂应变能力。对于中小学外语教师来说，外语应用能力的提升，不仅包括语音、语调、外语流利程度的提高，还包括利用外语组织教学的能力的提高。这需要教师对所教内容有深入的了解，这样才能创造性地使用课本，而不是仅仅依赖于教材。

此外，教师的话语应变能力也尤为关键。课堂上发生的情况是多变的，学生的反应也各不相同。教师需要具备根据学生反应，实时调整自己话语的能力。这不仅能确保教学内容能有效传递给学生，也能帮助教师更好地把握课堂的节奏和氛围。

---

① 何庆华. 网络环境下的大学英语习得研究 [M]. 昆明：云南大学出版社，2011：4.

二、课堂话语的特征

教师话语在语言教学中的作用被越来越多的研究者所重视。早期的研究揭示，教师话语与本族语者对非本族语者使用的语言有一定的相似性，例如，其都表现出简化、规范化和重复性等特征。

学者从语言学的角度，对教师话语的特征做了一些分类和归纳。

在语音层面，教师经常使用夸大的发音，或者延长停顿，或者放慢语速，这些都是为了帮助学生进行更好的理解和模仿。

在词汇方面，教师的话语更倾向于使用基本词汇，较少使用非正式的口语、缩略词或不定代词，这样可以避免给学生带来理解困难。

在句法层面，教师的话语中短句多、从句少。大多数时间，教师都会使用现在时，而且句子结构会保持完整和规范，信息的传送频率通常比正常语速要慢。

在语篇层面，教师的话语常常大量使用第一人称，并且会有很多的话语重复，这些都是为了帮助学生记忆和理解。

从这些分类和归纳中可以看出，教师话语和人们的日常话语是有明显区别的。为了满足教学需求，教师话语在语音、词汇、句法、语篇等层面是经过修改和调整的。

教师话语研究的理论基础是语言学家约翰·朗肖·奥斯丁（John Langshaw Austin）的言语行为理论。奥斯丁认为，人们的语言使用不仅仅是为了传达信息，更是为了实现特定的意图或目标，这种观点把语言行为推向了更深的层次。在言语行为理论中，奥斯丁提出，任何一句话都具有两种含义，即言内意义和言外意义。言内意义，也就是字面意义，是通过语句中的特定词汇和结构表达出来的。而言外意义，又称言外力量，它关注的是语句对听者或读者产生的实际影响。他还认为，人们在说话和执行言语行为的过程中，会同时完成三个子级别的言语行为，即以言行事、以言指事、以言成事。[①]其中，以言行事对应的就是言内意义，即通过语言来传达信息或表达观点。以言指事则对应言外意义，它指的是语言对听者或读者产生的影响。而以言成事，是指通过语言实现特定的社会功能或目的，如请求、指令、承诺等。

在外语课堂中，教师话语作为教学工具，应用于各个教学环节，如课文解读、语法讲解、试题解析及各种课堂活动的引导等。在这些环节中，教师话语主要扮演着如寒暄、指令、提问、讲授评价等多种语用功能的角色。话语的使用数量会因不同的上课形式而变化。例如，在听说课或会话练习课时，由于需要强调口语交流，教师话语的使用通常会比较频繁。同时，教师的个性特点也会影响其话语的使用频率，一些偏向于开放性交流的教师可能会更多地使用话语。随着以学生为中心的教学理念的推广，外语教师的课堂话语也正在发生改变。一种明显的变化是，大量的课堂行动指令已从原来的命令式变为建议式。这一变化在很大程度上展示了现代教学理念中师生关系的平等性，更加尊重学生的主体地位，促进了学生的积极参与和自主学习。

教师话语在教学过程中的功能不仅是作为教学内容的示范，还涉及交际和教育两个重要层面。通过对话语的运用，教师可以有序地组织教学活动，实施教学计划，有效管理课堂环境。这样的话语交际功能使教师与学生之间的互动得以加强，从而调动了学生的学习积极性和兴趣，优化了教学过程。教师话语的教育功能也不容忽视。教师所传达的知识信息、文化信息，以及他们使用话语的方式，都会对学生的思维方式、行为习惯和品格塑造产生深远影响。教师话语不仅是知识的载体，还传递着一定的价值观和生活态度。对于学生而言，教师的话语对他们的学习进步和个人成长有着较大的影响。如果教师话语运用得当，它可以引导学生深入理解知识，激发学习的热情，鼓励探索和创新；反之，不恰

---

① 孟臻．外语教育政策制定与实施研究[M].上海：复旦大学出版社，2012：208.

当的教师话语可能会造成学生的困惑，影响学习效果，甚至对学生的信心和学习动力造成负面影响。因此，教师话语的质量是决定其教学效果优劣的关键因素。优质的教师话语不仅可以帮助学生理解和掌握学习内容，还能营造良好的学习环境，促进学生的全面发展。

三、课堂话语质量提高

对于中小学外语教师而言，流畅而清晰的口语、正确的语音和语调，以及恰当地使用课堂话语，都是其基本能力的体现。要想深层次提升外语课堂话语的质量，还需要教师自身具备高级别的综合专业素养。这种专业素养包括外语能力及相关文化知识，教学能力和教研能力。

熟练掌握外语和相关文化知识，可以帮助教师在课堂上更为流畅、准确地表达自己的观点，也可以使他们更好地理解和解释教材内容，进而有效地引导学生进行学习。教学能力则涉及课堂组织、教学设计、教学策略选择等方面，是保证教学效果的关键。教研能力则有助于教师跟踪教育研究的最新动态，更新教学观念，改进教学方法。对外语教学理论的学习和研究，以及对教学实践的体验和积累，是提升教师专业素养的重要方式。教师应当珍视这些机会，通过不断的学习和实践，提升自身的知识储备和技能水平。

教师之间的互动也是专业发展的重要资源。他们可以通过参与科研活动、向经验丰富的老师学习，以及观摩和点评同行的课堂话语，以提高自己的教学质量。同时，学校领导也应关注教师，特别是青年教师的专业发展，提供针对性的培训，帮助他们提升课堂话语的熟练程度。

从 20 世纪 80 年代开始，外语教学理论和实践研究逐渐将焦点转向了学生，强调教学活动需要"以学生为中心"。对学生的研究可以有效地修正传统教学中以教师为中心、忽视学生主观能动性和创造性的偏见。但如果由此而低估甚至忽视教师在整个教学过程中的关键且不可替代的作用，就可能走入另一个误区，从而阻碍外语教学质量的真正提升，并最终可能妨碍素质教育目标的实现。教师的示范性和交际性功能在外语教学中起着不可忽视的作用。教师的话语既是知识的载体，又是课堂管理的工具，还是教师与学生之间互动的桥梁。教师的课堂话语应该既具有示范性，也具有交际性，才能真正激发学生的学习热情，引导他们掌握和运用语言知识。

外语教师的课堂话语作为一种职业语言，已经引起了国内外研究者的广泛关注。其重要性在外语教学中不言而喻，并且对教师提出了高标准的要求。作为外语教师的专业素质要求之一，教师需要掌握如何精确适当、灵活自如地运用课堂语言。精确和适当的教师话语可以为学生提供一个清晰、易理解的学习环境，而灵活的教师话语则可以在处理课堂中的各种情况时更具灵活性和有效性。因此，教师话语的改进和优化对于提高教学效果具有至关重要的作用。研究和改进教师话语不仅能提高教师自身的专业素质，也能为学生提供更优质的教学环境，有助于他们更好地理解和掌握外语知识。所以，每个教师都应重视自身课堂话语的运用和改进，以期提升教学效果，为学生提供更好的学习体验。

参考文献

[1] 刘艳，曹艳琴，兰英.现代外语教学与语言文化研究[M].北京：光明日报出版社，2016.

[2] 吕良环.外语课程与教学论[M].杭州：浙江教育出版社，2003.

[3] 李照国，卜友红.中国外语教学研究[M].苏州：苏州大学出版社，2016.

[4] 张萍，张君.外语教学法流派理论与实践[M].沈阳：辽宁人民出版社，2017.

[5] 张庆宗.如何成为优秀的外语教师[M].武汉：武汉大学出版社，2014.

[6] 童成寿.外语教师心理学[M].北京：对外经济贸易大学出版社，2016.

[7] 刘文媛.外语教师专业成长[M].天津：天津大学出版社，2014.

[8] 李慧，张敏.信息化时代外语教师职业与技能发展研究[M].北京：中国纺织出版社，2017.

[9] 孟臻.外语教育政策制定与实施研究[M].上海：复旦大学出版社，2012.

[10] 姜文茜.中小学英语教师跨文化教学素养测评指标体系构建[D].重庆市：西南大学，2022.

[11] 李家艳.张士一外语教育思想与实践研究[D].南京：南京邮电大学，2020.

[12] 崔艳英.乔姆斯基的心智表征观研究[D].太原：山西大学，2020.

[13] 喻利梅.外语教学中教师手势对提高学生理解能力的有效性研究[D].重庆：重庆交通大学，2020.

[14] 储岚霖.翻译在法语外语教学中的应用 [D].上海：上海外国语大学，
2020.

[15] 刘微.近代中国英语学科教育研究（1862—1937）[D].武汉：武汉大学，
2020.

[16] 高艺玮.基于多元智能理论的小学英语课堂教学策略研究 [D].内蒙古：
内蒙古师范大学，2019.

[17] 陈刚.新课程改革背景下外语学习文化的涵化研究 [D].上海：上海外国
语大学，2019.

[18] 朱蕾.建构主义理论下外语教学中的文化导入研究 [D].哈尔滨：黑龙江
大学，2018.

[19] 安梦迪.多元智能理论视角下初中英语阅读教学策略研究 [D].哈尔滨：
哈尔滨师范大学，2016.

[20] 肖倩茹.认知心理学框架中的小学外语教学研究 [D].哈尔滨：黑龙江大
学，2015.

[21] 易明.多媒体在中小学英语教学中的运用研究 [D].长沙：湖南师范大学，
2012.

[22] 于洋.心理学理论的发展与外语教学法流派的形成 [D].长春：东北师范
大学，2006.

[23] 卢利.多元智能理论在中学任务型语言教学中的运用 [D].桂林：广西师
范大学，2005.

[24] 文巧平.反思性教学与外语教师专业发展研究 [D].长沙：湖南师范大学，
2005.

[25] 刘琛.从认知心理学的角度看对外汉语词汇教学 [D].上海：华东师范大
学，2004.

[26] 贾爱武.外语教师专业发展的理论与实证研究 [D].上海：华东师范大学，
2003.

[27] 曾冠冠.体验式外语教学理论与实践研究 [J].教育教学论坛，2022（17）：
129—132.

[28] 童碧青.信息时代建构主义学习理论在外语教学中的应用 [J].西部素质
教育，2018，4（23）：117，170.

[29] 孙海燕.建构主义理论在外语教学中的应用研究 [J].时代农机，2017，
44（5）：224，226.

[30] 于华 . 罗杰斯的人本主义学习观在外语文化教学中的再审视 [J]. 才智，2017（6）：148.

[31] 王苏妹 . 情景教学模式在小学英语教学中的运用 [J]. 亚太教育，2016（26）：193.

[32] 陈灵 . 体验式外语教学的理论与实践反思 [J]. 黑龙江畜牧兽医，2015（24）：222—223.

[33] 董静 . 体验式外语教学的实践与理论探索 [J]. 长春教育学院学报，2015，31（17）：93—94.

[34] 张晨洁 . 外语教学理论的几点思考 [J]. 时代文学（下半月），2014（8）：214—215.

[35] 刘甜甜 . 体验式外语教学的哲学关照 [J]. 牡丹江大学学报，2014，23（4）：179—181.

[36] 高杨 . 从认知角度分析现代外语教学流派及其综合运用 [J]. 成都师范学院学报，2013，29（12）：65—69.

[37] 刘铭 . 建构主义教学理论也适合外语教学 [J]. 黑龙江教育学院学报，2013，32（9）：179—181.

[38] 张萍 . 体验式外语教学效果提升的方法探索 [J]. 海外英语，2013（15）：31—33.

[39] 陈媛媛 . 提高外语教师专业素质的途径 [J]. 内蒙古师范大学学报（教育科学版），2013，26（5）：91—93.

[40] 郗德才 . 外语教学流派形成的心理学理论基础 [J]. 辽宁行政学院学报，2013，15（1）：101—102.

[41] 赵雅君 . 简论现代外语教学法的流变 [J]. 长春师范学院学报，2012，31（10）：162—164.

[42] 高存，高佑梅 . 信息处理途径下的任务型外语听力教学 [J]. 西南科技大学学报（哲学社会科学版），2012，29（3）：75—78，84.

[43] 牛跃辉，郑艳萍 . 认知心理学在任务型外语教学中的应用 [J]. 科教文汇（上旬刊），2012（13）：127—130.

[44] 钱秀金，陈玮 . 体验式外语教学模式探索 [J]. 长春工程学院学报（社会科学版），2011，12（4）：166—169.

[45] 崔中原 . 任务型教学模式下外语课堂话语策略的研究 [J]. 学理论，2011（28）：155—157.

[46] 杜景平 . 内容和任务结合式外语教学探析 [J]. 天津职业技术师范大学学报，2011，21（3）：72—74，78.

[47] 贾敏 . 探讨任务型教学背景下外语教师的角色 [J]. 吉林广播电视大学学报，2011（9）：136—137.

[48] 马利娟 . 外语教师自身专业发展与素质提升策略探析 [J]. 太原城市职业技术学院学报，2011（5）：96—97.

[49] 吴兴东 . 论任务型外语课堂教学语境 [J]. 科技信息，2010（35）：898.

[50] 张剑锋 . 自主探究式外语教学模式的理论与实证研究 [J]. 渭南师范学院学报，2010，25（4）：77—79.

[51] 孙蕊，罗平 . 认知心理学与任务型外语教学 [J]. 菏泽医学专科学校学报，2010，22（2）：80—84.

[52] 孙建华 . 多元智能理论及其对外语教学和评价的启示 [J]. 前沿，2010(2)：186—188.

[53] 王海啸 . 体验式外语学习的教学原则：从理论到实践 [J]. 中国外语，2010，7（1）：53—60.

[54] 马永辉，曲爽 . 多元文化语境下的外语教师素质研究 [J]. 齐齐哈尔大学学报（哲学社会科学版），2009（6）：152—154.

[55] 童成寿 . 中小学熟手型英语教师素质模型研究 [J]. 山东师范大学外国语学院学报（基础英语教育），2009，11（3）：83—88.

[56] 卞树荣 . 人本思想与当代外语教学发展 [J]. 南京人口管理干部学院学报，2008（4）：64—67.

[57] 倪春艳 . 关于主动探究式外语学习模式的探究 [J]. 辽宁工业大学学报（社会科学版），2008（5）：125—127.

[58] 王中祥 . 多元智能应用于外语教学的适应性探讨 [J]. 浙江万里学院学报，2008（4）：124—126.

[59] 闫长红 . 人本主义在外语教学中的应用 [J]. 科技信息（学术研究），2008（15）：460，462.

[60] 蒋彤彤 . 多元智能理论对外语教学评价的启示 [J]. 辽宁行政学院学报，2007（11）：161，167.

[61] 房立敏，李志红 . 谈多元智能理论与外语教学 [J]. 中国成人教育，2007（9）：188—189.

[62] 吴玉新，张莉．中小学外语教师应加强业务素质培训 [J]．职业时空，2007（6）：14—15.

[63] 陈娟，甘世安．多元智能理论的原则与外语教学实践 [J]．浙江万里学院学报，2006（4）：142—145.

[64] 张秀梅．外语教学中的多元智能理论 [J]．牡丹江师范学院学报（哲学社会科学版），2006（4）：75—76.

[65] 马永辉，王立梅．建构主义下的外语教师素质研究 [J]．继续教育研究，2005（6）：175—177.

[66] 郭文．现代外语教学法主要流派评析 [J]．中山大学学报论丛，2005（4）：529—532.

[67] 管新平．行为主义与认知理论语言观及其教学法 [J]．外语研究，2005（4）：41—44，80.

[68] 童富勇，黄文芳．试论教师专业素质及其发展 [J]．教育评论，2004（5）：54—57.

[69] 梁爱民，高虹．探究式课堂教学模式探析 [J]．山东师范大学外国语学院学报（基础英语教育），2004（3）：18—21.

[70] 董永民．外语教学法流派及其发展趋势 [J]．运城学院学报，2003（4）：67—69.

[71] 魏玲．素质教育与中小学外语教师的自身进修 [J]．河池师专学报（社会科学版），2003（1）：79—81.

[72] 陈军宏．英语教师应具备的素质 [J]．山区开发，2002（6）：26—28.

[73] 陆巧玲，李翠英．外语教学中教师角色的嬗变 [J]．四川外语学院学报，2002（1）：139—141.

[74] 黄虹．素质教育与中学外语教师素质 [J]．淮北煤师院学报（哲学社会科学版），2000（1）：152—154.

[75] 张苇．外语教学流派的分类和比较 [J]．合肥教育学院学报，2000（1）：84—85，95.